Jean-Jacques Cleyet-Merle

LA PROVINCE PRÉHISTORIQUE DES EYZIES

400 000 ans d'implantation humaine

caisse nationale des **monuments historiques** et des **sites**

CNRS EDITIONS

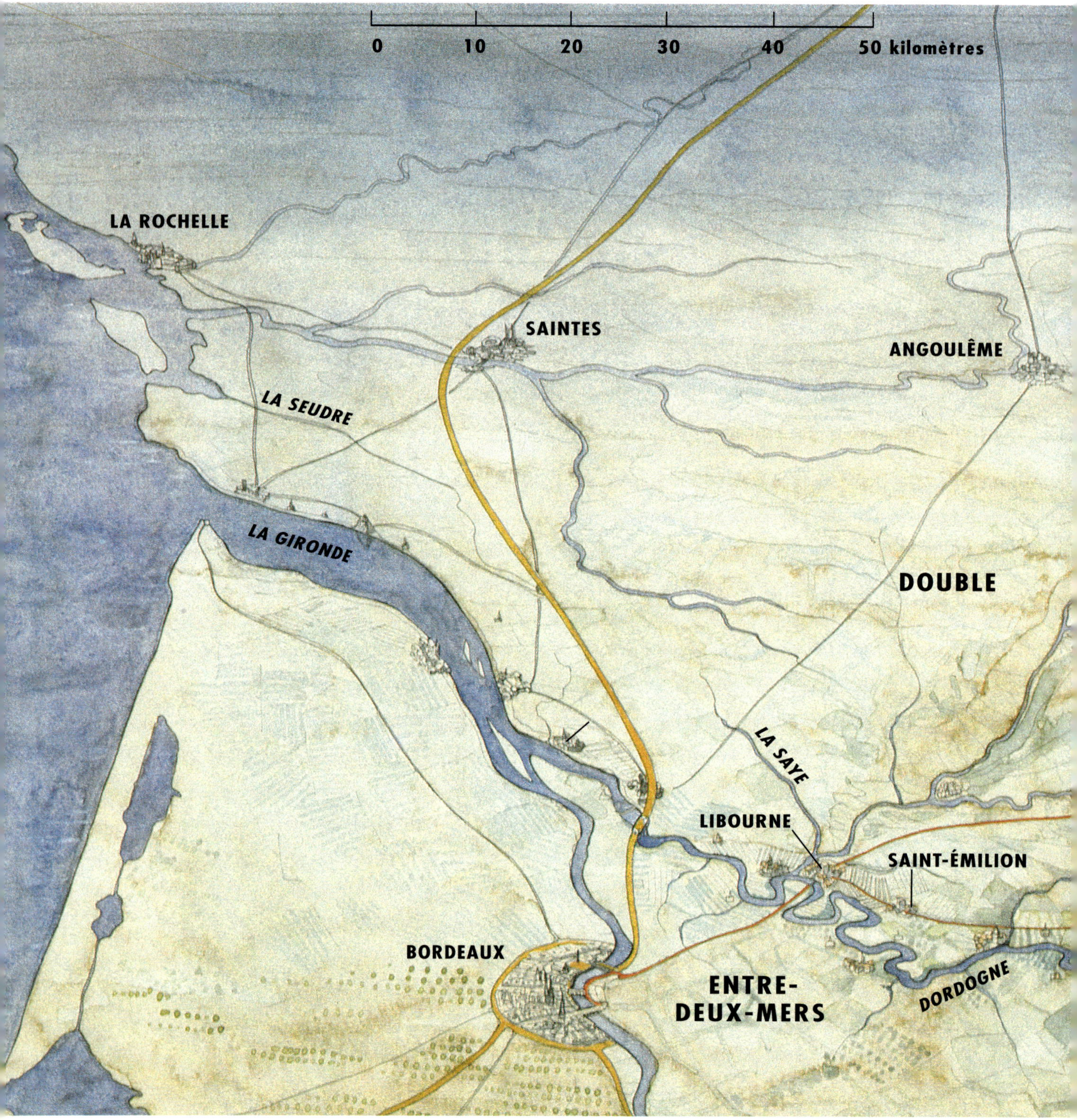
0
10
20
30
40
50 kilomètres
LA ROCHELLE
SAINTES
ANGOULÊME
LA SEUDRE
LA GIRONDE
DOUBLE
LA SAYE
LIBOURNE
SAINT-ÉMILION
BORDEAUX
ENTRE-
DEUX-MERS
DORDOGNE

LIMOGES
TEYJAT
SAINT-YRIEIX-LA-PERCHE
NONTRON
PONT-D'AMBON
THIVIERS
RIBÉRAC
BRANTÔME
ISLE
AUVÉZÈRE
RONNE
FOURNEAU-DU-DIABLE
COMBE-SAUNIÈRE
LASCAUX
PÉRIGUEUX
SOLVIEUX
RAYMONDEN
PÉRIGORD
LES-EYZIES-DE-TAYAC
VÉZÈRE
GABILLOU
MUSSIDAN
BERGERAC
LALINDE
LE FLAGEOLET
SARLAT
PECH-DE-L'AZE
COUZE
VAUFREY
ROC-DE-COMBE
LA GRAVETTE
CÉOU
LES JAMBLANCS
LE BUISSON DE CADOUIN
LE MALPAS
COMBE-CAPELLE
COMBE-GRENAL

LES RAISONS D'UNE RENOMMÉE MONDIALE

Alors que se succèdent les découvertes de grottes ornées exceptionnelles (Cosquer, près de Marseille; Combe-d'Arc, en Ardèche) en dehors du foyer classique de l'art paléolithique franco-cantabrique, il paraît légitime de s'interroger sur le bien-fondé de l'attrait, de la prééminence qu'exerce depuis plus d'un siècle le Périgord, tant auprès du monde de l'archéologie que du public soucieux de ses origines.

En décernant le titre de capitale mondiale de la préhistoire au petit village des Eyzies-de-Tayac, n'a-t-on pas très légèrement forcé le sort? La réalité scientifique n'a-t-elle pas été débordée par d'autres préoccupations?

Les faits sont là. Le département de la Dordogne recèle à lui seul une cinquantaine de grottes ornées, parmi lesquelles les lieux prestigieux et magiques de Font-de-Gaume, Combarelles, Rouffignac et Lascaux..., soit un bon tiers des richesses pariétales de l'hexagone. Qui plus est, l'inventaire en cours des gisements s'accroît régulièrement, comme ailleurs, plus qu'ailleurs. La guerre des chiffres n'aura pas lieu, car il serait vain de dresser une liste exhaustive des sites connus le long de la Vézère aux environs des Eyzies. Sa validité n'excéderait pas quelques jours, au mieux quelques semaines. Refusant la polémique, un préhistorien avait d'ailleurs résolu le difficile problème du répertoire cartographié des trouvailles préhistoriques... Il ne distinguait par boutade que deux gisements aux Eyzies: «celui de la rive gauche et celui de la rive droite»... Deux lignes quasi continues, parallèles, constituées d'une myriade de points.

Font-de-Gaume
Carte p. 9, 21
Combarelles
Carte p. 9, 5
Rouffignac
Carte p. 8
Lascaux
Carte p. 8

Les Eyzies-de-Tayac
Carte p. 9

Cette luxuriance, après avoir autorisé l'établissement d'une chronologie mondialement reconnue à travers les séquences stratigraphiques de référence, définit d'elle-même le cadre géographique, territorial des premiers Périgourdins. Une réelle homogénéité se dégage des données archéologiques contemporaines tandis que se précise l'impression d'une métropole culturelle à vocation régionale.

Avoir délibérément choisi pour titre de cet ouvrage l'expression «province préhistorique des Eyzies» peut sembler une gageure, voire une provocation. En effet, son auteur original, Fernand Lacorre, notaire du village, un de ces amateurs «éclairés» qui hantaient la région il y a quelques décennies, est depuis largement contesté par la communauté scientifique. De ses travaux, de ses fouilles volumineuses autant que vigoureuses et de ses rares publications, il ne subsiste plus aujourd'hui que le nom d'un gisement éponyme, la Gravette, désormais inaccessible pour longtemps, et dont on sait finalement peu de choses.

S'en réclamer ainsi ouvertement pourrait paraître choquant. D'ailleurs ne

serait-il pas singulièrement limité, pour ne pas dire «étriqué», de se complaire à disserter sur le nombril de la science préhistorique mondiale qui ne fut pourtant jamais, beaucoup de découvertes l'attestent, le berceau de l'humanité?

Lacorre fut-il un visionnaire génial ou un «périgordocentrique» étroit? Il reste que la tendance actuelle de la recherche préhistorique hésite à prêter le flanc à des synthèses intercontinentales pour revenir, plus modestement, à une appréhension à l'échelle humaine d'unités territoriales plus réduites qui furent le cadre de vie des chasseurs de la préhistoire.

Critique à l'égard du concept de «préhistoire nationale», l'archéologie s'attache aujourd'hui à restituer l'évolution des modes de vie au sein d'un environnement changeant, à percevoir les interdépendances effectives de l'homme et de son milieu. Ainsi peut-on évaluer la densité des implantations humaines selon les potentialités du milieu et proposer une approche sérieuse de la démographie préhistorique. Ce qui signifie pour les préhistoriens un notable amaigrissement des effectifs présumés, le territoire de l'hexagone, agglomérat de plusieurs «provinces culturelles», n'ayant sans doute accueilli au moment de la plus forte poussée démographique de la préhistoire que quelques milliers d'individus. Parmi ceux-ci, deux ou trois mille habitaient l'Aquitaine au Magdalénien supérieur vers 13 000 ans BP (BP = *before present*, soit avant l'année 1950 de notre ère; BC = *before Christ*).

Les falaises calcaires dominant la Vézère aux Eyzies-de-Tayac

La présence de nombreuses grottes creusées dans le calcaire a de tout temps attiré les hommes.

Est-il légitime dès lors de consacrer tant de recherches à la connaissance de groupes humains aussi restreints? Chaque chose en son temps. La maîtrise actuelle de la chronologie, la perception des temps, bien qu'ayant fait de gros progrès, demeurent fluctuantes. Nos datations radiométriques, par exemple, proposent une fourchette d'imprécision de quelques siècles. C'est peu à l'échelle de l'histoire de l'humanité, mais plus conséquent au regard de la durée d'une culture donnée. De fait, les grandes et nécessaires synthèses, trop aléatoires, gagnent à être temporairement délaissées... Mais l'honnêteté, la rigueur scientifique redonnent du même coup force et matière à l'appréhension de groupes humains plus réduits, donc plus «personnalisés».

A comprendre que tel habitat, tel sanctuaire a été conçu et fréquenté par quelques hommes ou tribus, le chercheur en arrive à une grande convivialité avec ses ancêtres, voire avec l'un de ses ancêtres. On parviendrait presque, au travers d'études fines, doublées d'expérimentation, à retrouver le geste de l'homme préhistorique, son mode opératoire, son comportement individuel, sa personnalité...

A confronter toutes les observations délivrées par la fouille de gisements d'une même région, on en saisit davantage l'homogénéité et l'on en perçoit d'autant mieux les relations, les complémentarités, l'organisation interne. Il devient ainsi possible d'approcher de façon concrète le mode de vie des hommes dans un cadre restreint, mais cohérent. On comprend mieux que l'extraordinaire densité en

Principaux sites préhistoriques sur la commune des Eyzies-de-Tayac
De part et d'autre de la Vézère, leur densité est telle qu'ils laissent par endroits un tapis ininterrompu de vestiges archéologiques.

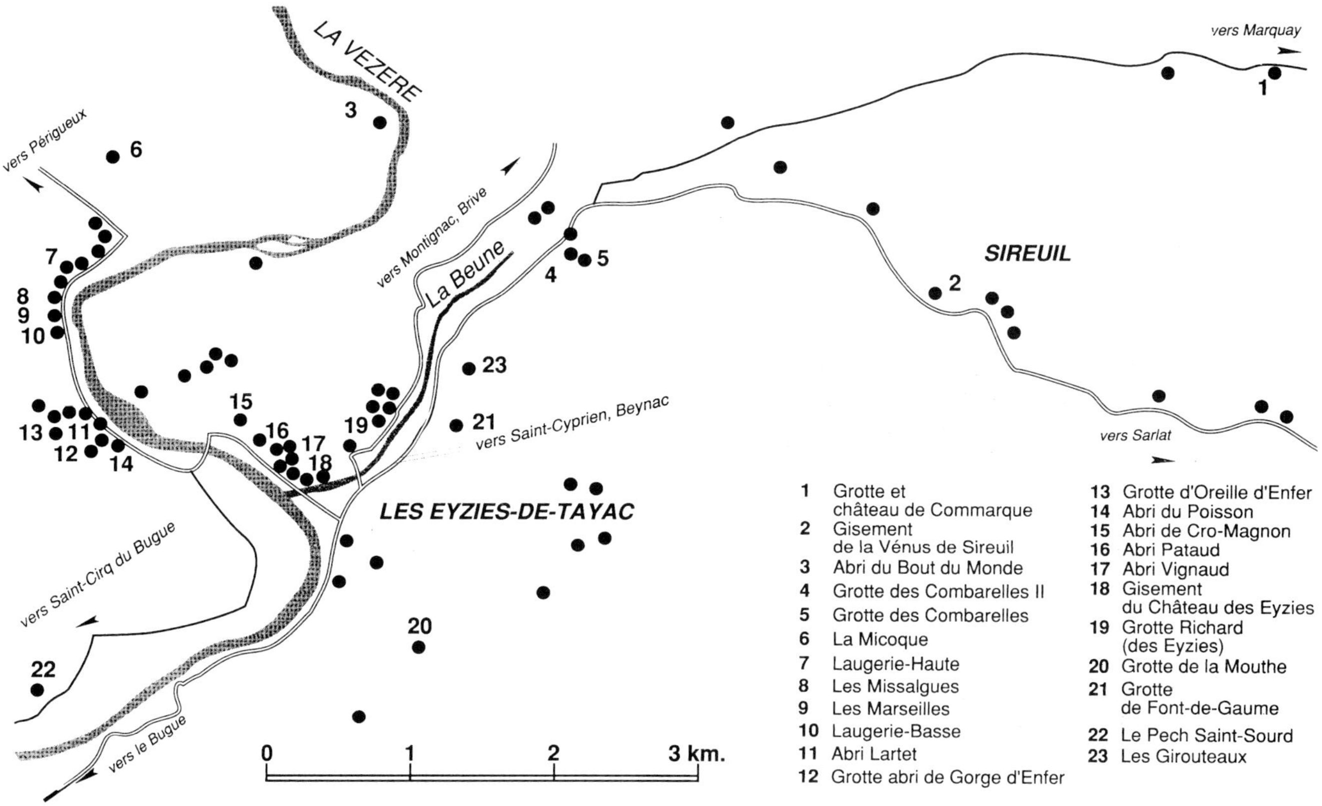

Vézère des vestiges archéologiques de tous types puisse être le fait d'une fréquentation étonnement assidue de ces lieux aux temps préhistoriques, pour de multiples raisons. Comme si les Eyzies avait bel et bien constitué, à la fin de l'ère glaciaire, le centre névralgique d'une province homogène, une «capitale spirituelle» expliquant l'abondance des sanctuaires pariétaux de la Vézère.

Aux origines de l'homme

On s'accorde aujourd'hui pour retenir comme caractéristiques de «l'humanité» le recours à l'outil (*Homo faber*) et à la bipédie. Cette dernière faculté pourrait remonter très loin puisqu'elle semble déjà acquise par le Proconsul, un primate arboricole de taille modeste, vivant en Afrique orientale aux alentours de 23 millions d'années avant notre ère.

Pour primordiale qu'elle soit, cette faculté ne constitue pas néanmoins un caractère essentiel, car il y a loin entre cet ancêtre du singe et l'homme actuel. Du reste, les jalons postérieurs détenteurs de cette capacité, oréopithèque et gigantopithèque, ne semblent pas avoir eu de suite. Par ailleurs, le kenyapithèque découvert par Leakey associé à des ossements d'animaux peut-être brisés à l'aide de cailloux présents sur le site et exempts d'un quelconque aménagement, ne paraît pas avoir dépassé le niveau technique des «activités manuelles» du chimpanzé actuel.

Apparemment issues d'une souche commune, les lignées homme/singe se séparent tardivement, entre 5 et 8 millions d'années avant notre ère, pour évoluer ensuite parallèlement. Les analyses moléculaires montrant la parenté persistante du chimpanzé et de son cousin

Implantations préhistoriques de la vallée de la Vézère
Entre Montignac et le Bugue se succèdent les plus célèbres grottes ornées et la plupart des stratigraphies éponymes du Paléolithique.

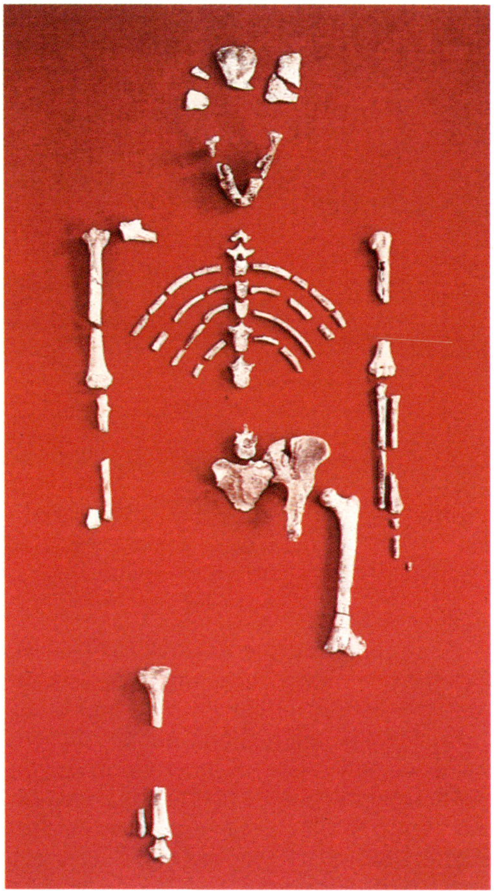

«supérieur» sont autant d'arguments pour conforter la thèse d'une bifurcation somme toute «récente».

Dès lors apparaissent en Afrique de l'Est, dans la région de Lothagam et à l'ouest du lac Boringo, les premiers hominidés véritables, autrement dit australopithèques *afarensis*, dont divers fragments sont datés entre 7 et 2,8 millions d'années.

Le squelette d'un australopithèque *afarensis*: Lucy

Découvert en 1974 dans la dépression de l'Afar, ce spécimen relativement complet aurait environ 3,4 millions d'années.

Ces bipèdes «affirmés», à la démarche peut-être moins assurée qu'on a pu l'imaginer, nous ont laissé, avec les traces de pas de Laetoli (Tanzanie), vers 3,7 millions d'années, le premier témoignage de leur «volonté de se rapprocher du genre *Homo*».

De petite stature (1,10 m-1,30 m maximum), d'une capacité crânienne réduite (300 ou 400 cm^3), ils vivent en groupe mais ne semblent connaître ni habitat ni outillage à proprement parler. Le représentant le plus connu de cette espèce relativement répandue demeure sans conteste Lucy (vers 3,4 millions d'années) et ses acolytes éthiopiens que certains anthropologues qualifient volontiers de pré-australopithèques.

Le dernier sujet découvert, «Ramidus», originaire de la même région, nous a rejoints en 1992. Il gisait, en menus fragments, mêlé à divers ossements animaux pour avoir probablement constitué, il y a 4,4 millions d'années, le repas d'un grand carnivore.

Cette souche commune essaime rapidement d'Afrique orientale et méridionale, peuplant l'Ethiopie, le Kenya, la Tanzanie entre 4 et 2,5 millions d'années environ, et même au-delà. Elle se dissocie en divers types d'australopithèques, *boisei*, *robustus* et *africanus* (ou *gracilis*) etc. et poursuit son aventure durant la première moitié de l'ère quaternaire.

Si australopithèque *robustus* semble n'avoir jamais produit un quelconque outillage, cette innovation fondamentale pourrait être l'œuvre de son homologue *gracilis* (capacité crânienne de 400 à 500 cm^3), bien connu entre 3 et 1,8 millions d'années à Olduwai (Tanzanie), East Turkana, Makapansgat et Taung (Afrique du Sud). Certes, les témoins, simples ossements brisés portant des traces d'utilisation (?), de l'industrie «ostéodontokératique» (c'est-à-dire ménagée sur os, dent et corne) définie par Leakey sont contestables, mais quelques éclats de quartz manifestement usagés et peut-être même retouchés (?) signent, vers 2 millions d'années, l'accession au genre *Homo*. *Homo habilis*, dès lors contemporain des australopithèques qui perdurent en divers points d'Afrique, aurait de ce fait acquis son indépendance dès la fin de l'ère tertiaire. Pour l'heure, le berceau de l'humanité se trouve donc en Afrique puisque les bons exemplaires d'*habilis*, qu'il s'agisse de ceux d'Olduwai, d'East Turkana, de Kobifora, de la vallée de l'Omo, ou d'Afrique du Sud, restent étroitement confinés, dans l'état de nos connaissances, au continent africain. Et c'est bien là que se confirment les premières traces d'organisation sociale (petits groupes de 15-20 individus), sous forme de campements très sommairement aménagés, parsemés des premiers outils «oldowayens» et d'ossements d'animaux «charognés» prouvant une alimentation volontiers carnivore.

Néanmoins, comme le rappelait avec humour André Leroi-Gourhan, ce berceau pourrait bien être «muni de roulettes» et se mouvoir au gré des futures découvertes, déplaçant d'autant le lieu de naissance de nos ancêtres.

C'est peut-être grâce à son cerveau plus développé (500 à 700 cm³) et mieux irrigué qu'*Homo habilis* colonise alors une grande partie de l'Afrique. Mais il appartient à son successeur, *Homo erectus*, au terme d'une transition d'ailleurs difficile à cerner, d'occuper progressivement le continent africain (Melka Kunturé, Turkana) mais également l'Asie, l'Indonésie, la Chine et bientôt l'Europe.

L'acteur de cette formidable expansion est un individu de taille moyenne, (1,50-1,70 m) et de capacité crânienne nettement supérieure (entre 700 et 1 250 cm³). S'il fabrique et utilise au début les mêmes outils qu'*Homo habilis*, il en développera rapidement la technologie, produisant un outillage en pierre varié à partir d'éclats et de blocs façonnés. La culture matérielle de l'Acheuléen africain contient très tôt de véritables outils bifaciaux, des hachereaux, etc. que l'on va retrouver sous des formes diverses un peu partout sur le globe, à l'exception du Nouveau Monde et de l'Océanie. L'individu en soi évolue également sur le plan physique, une certaine gracilisation du squelette allant de pair avec une augmentation de la taille du cerveau.

En Europe, la présence d'*Homo erectus* n'est attestée de façon fiable et significative qu'entre 1,5 et 0,7 million d'années (1 200 000 ans en Massif central) à travers la présence d'outillage lithique, souvent sur éclats, dont la technologie diffère notablement des industries africaines contemporaines où règne en maître le

Hachereau africain en silex taillé

Ménagé sur éclat, généralement de forte taille, cet outil possède un tranchant transversal caractéristique.

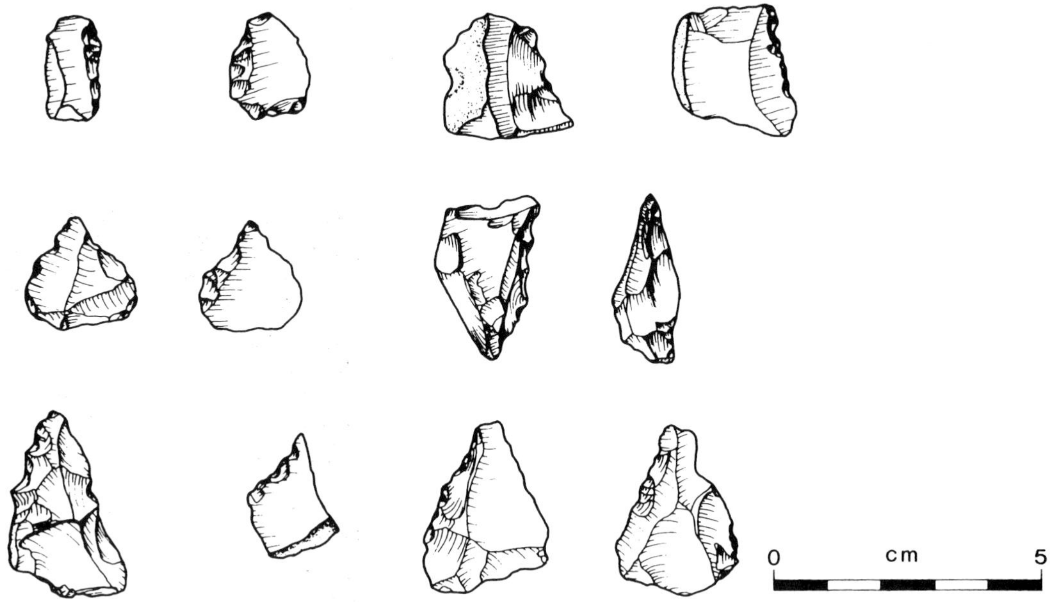

biface. Vers 1 million d'années, les outils de pierre voisinent volontiers avec des ossements d'animaux consommés dans plusieurs régions d'Europe occidentale. Mais il faut attendre encore quelques centaines de millénaires pour que des restes humains conséquents et correctement datés ne soient découverts, le premier vestige sérieux, la mandibule de Mauer, n'excédant pas 600 000 ans, et que se généralisent (toute proportion gardée) les fossiles humains comme ceux de Pétralona (Grèce), Tautavel (Pyrénées-Orientales) et Bilzingsleben (Allemagne) vers 360-430 000 BP.

Quittant, après 600 000 ans, la scène du «très ancien Paléolithique» (qui peut toutefois persister dans certains points du globe), *Homo erectus* laisse, à ce stade où la maîtrise du feu est controversée, des vestiges diversement qualifiés de «pré-*sapiens*» ou «anté-néandertaliens» selon les théories actuelles. Il faut dire que l'Europe occidentale, carrefour de trois continents, est le théâtre de phénomènes anthropologiques et culturels originaux rendus particulièrement complexes par le développement d'*Homo sapiens neandertalensis*. Cet homme au squelette robuste, au crâne particulièrement développé (environ 1 500 cm^3, soit davantage que l'homme moderne, le *sapiens sapiens* actuel), pourrait avoir acquis progressivement ses caractéristiques physiques à partir d'*Homo erectus* dès 400-300 000 ans BP (Tautavel). Concepteur d'un habitat varié et réellement structuré, il donne la preuve de préoccupations non exclusivement utilitaires en pratiquant l'inhumation de ses morts et peut-être même, comme nous le verrons plus loin, des activités «artistiques», au moins à la fin de sa période d'expansion, aux alentours de 50 000 BP.

Cette époque aux limites incertaines, où l'assimilation entre la période du Paléolithique moyen, l'homme de Néandertal et la culture moustérienne nourrit les débats, est capitale. Avant, comme le fait remarquer Yves Coppens, l'évolution biologique se déroule plus vite que ne progresse l'évolution technologique. Par la suite, la première marque le pas, tandis que la seconde s'envole, et l'acquis l'emporte désormais sur l'inné.

Dans un autre registre, le Périgord vit également un moment décisif. Ses vallées abritent désormais une présence humaine

Industrie lithique de Soleilhac (Haute-Loire)

Cet outillage déjà diversifié, taillé sur silex, se singularise par ses dimensions réduites pour l'époque.

intense et diversifiée, dont les vestiges, superbement conservés, remarquablement étudiés, justifient une renommée mondiale.

Dans une Europe enclavée à l'époque glaciaire, bénéficiant de rares couloirs de communication est-ouest, le Sud-Ouest de la France apparaît de plus en plus comme un cul-de-sac, zone refuge délimitée par l'Océan et les Pyrénées. Avant de s'éteindre définitivement vers 35 000 ans, les néandertaliens ont probablement côtoyé un nouvel arrivant, l'homme moderne (*Homo sapiens sapiens*), probablement originaire, dans l'état actuel de nos connaissances, du Proche-Orient.

Porteur de nouvelles technologies, promoteur d'une floraison culturelle sans précédent, il colonise au cours de l'ultime glaciation la quasi totalité du globe terrestre, à l'exception des îles du Pacifique. Il laissera cependant en Périgord, plus qu'ailleurs, les merveilleux témoignages de sa spiritualité qui transparaît au travers de l'expansion de l'art mobilier et pariétal. Sans pouvoir à l'évidence se parer du titre de «berceau de l'humanité», la région des Eyzies mérite en revanche celui de premier foyer de l'homme culturel à part entière.

Un cadre naturel privilégié

Terre de passage, la province préhistorique des Eyzies est située entre les marges du Massif central et le rivage atlantique, au débouché du goulet ouest européen, favorisant de ce fait, aujourd'hui comme hier, la rencontre de diverses influences climatiques. Deux traits majeurs déterminent l'aspect physique de cette région: omniprésence du substratum calcaire et buissonnement du réseau hydrographique axé sur deux cours d'eau principaux, la Dordogne et la Vézère, complétés à l'ouest par l'Isle. Depuis sa source, sur les pentes du Puy de Sancy, la Dordogne s'écoule vers l'ouest, descendant les marches d'un gigantesque escalier et entaillant par ses gorges les granites d'Avèze, pénétrant profondément les plateaux cristallins du Bas-Limousin avant de sculpter de ses méandres les falaises calcaires abruptes du Quercy. A son entrée en Périgord, la vallée découpe de larges pans calcaires, entaillés de ressauts, surplombs et encoches, ébréchés d'anciennes vallées sèches telle celle du Céou. Sur l'autre rive, dans la convexité du méandre, c'est un monde différent, doux modelage de terrasses alluviales. Grossie de nombreux affluents, la rivière doit se réduire aux abords de Lalinde à un sillon étroit et profond de près de cent mètres où les fortes pentes se traduisent par le passage de rapides (Saut de la Gratusse). Au-delà, dans le Bergeracois, le couloir alluvial s'évase en terrasses jusqu'à l'océan.

Dordogne, Vézère, Isle Plan p. 2

La Vézère quant à elle naît sur le plateau des Millevaches pour serpenter mollement au départ d'un parcours aventureux. Elle enchaîne ensuite une succession d'entailles profondes (plateau central en Corrèze), rythmées d'évasements plus sages (bassin de Brive). Franchissant les grès du Permien qui colorent ses eaux en rouge, la Vézère oblique à l'ouest au milieu d'un large couloir alluvial pour reprendre un cours plus rapide entre les «portes» de Condat et du Bugue, sur 30 mètres de dénivellation.

Sillon de lumière et de verdure, la Vézère relie une série de petits bassins par autant de somptueux défilés. Au gré de ses méandres se succèdent rives et versants orientés au nord, empâtés de dépôts détritiques, couverts de broussailles et d'arbustes, et falaises irrégulières littéralement truffées de grottes et abris sous roche, bien exposés au sud, naturellement propices aux premières implantations humaines.

A la fin des temps paléolithiques, ces cavités deviendront le lieu privilégié de la vie domestique, mais aussi des activités religieuses et artistiques des hommes.

Cette exceptionnelle abondance en «habitats clé en main», dans les massifs calcaires sculptés par l'érosion, est une autre caractéristique fondamentale de la région des Eyzies. Près des deux tiers des grottes de la Dordogne sont le résultat du ruissellement des eaux de pluie dans le karst, empruntant des fissures naturelles et les élargissant progressivement. Les eaux froides ont en effet un fort pouvoir de dissolution et leur action peut être relayée par une érosion due à la gélifraction. La formation des abris est régie, quant à elle, par un processus quelque peu différent: l'action du gel est plus efficace au niveau du sol, là où se concentre l'humidité. Le déblaiement des éclats de calcaire de la paroi entraînera la création de surplombs plus ou moins prononcés.

Un peu à l'écart, mais dans le même bassin hydrographique, l'Isle présente la même succession d'étroitures sauvages et de bassins enflés. Traversant le centre du Périgord, sa vallée dessine de beaux méandres en contrebas de plateaux qui les dominent de 50 à 100 mètres. Au-delà de Mussidan, elle s'élargit pour divaguer au milieu des multiples terrasses, principalement après Coutras. Si son paysage moutonnant paraît aujourd'hui moins attractif que l'entremêlement des collines boisées du Sarladais, elle n'en constitue pas moins un axe de pénétration est-ouest dont la fréquentation aux temps préhistoriques est désormais reconnue.

Que pouvaient donc souhaiter de mieux nos ancêtres que ces territoires charpentés par des grandes voies orientées naturellement vers la façade atlantique et remontant jusqu'aux monts du Massif central! Liens et frontières, autant d'axes de communication délimitant dans le même temps une variété déconcertante de terroirs et biotopes, de dimension modeste, mais aux horizons limités et familiers, en un mot à l'échelle humaine...

Enfin, les vallées ont de tout temps constitué pour les hommes des zones riches de multiples ressources minérales, animales et végétales, y compris lors des grandes mutations climatiques, glaciations ou réchauffements qui ont rythmé l'ère quaternaire.

Au plus froid des temps glaciaires, les vallées, sur leur rive bien exposée, ont pu conserver au moins partiellement leur richesse végétale, fin couloir de verdure serpentant au pied des plateaux ou des collines steppiques balayés par les vents. C'est donc là que se concentrait l'essentiel de la vie animale et de l'activité humaine.

Un lieu de conservation idéal

L'inscription récente au patrimoine mondial de l'humanité, sous l'égide de l'Unesco, d'une portion de la vallée de la Vézère ne témoigne pas seulement de l'engouement du public pour la recherche de ses origines. Elle prend également en compte l'extraordinaire concentration de sites archéologiques en un tapis quasi continu jalonnant la Vézère, de Montignac à son épicentre, les Eyzies. Cette situation, exceptionnelle en soi, est doublée, dans cette région bénie pour l'homme préhistorique comme pour le préhistorien, d'un faisceau de circonstances qui ont conduit à une remarquable conservation des vestiges. En Dordogne, quantité rime avec qualité, et si les raisons qui ont dicté le choix de l'implantation de nos ancêtres nous sont à présent un peu plus familières, arrêtons-nous quelques instants sur les motifs d'une renommée qui dépasse de loin nos frontières.

Montignac, les Eyzies-de-Tayac
Carte p. 8

Avec ses grottes calcaires, le contexte géologique favorable à la préservation des vestiges osseux (essentiels pour les approches palethnographiques) induit divers phénomènes localisés et spécifiques. L'empâtement des versants, la formation de dépôts de pente et les effondrements assez uniformes de pans entiers de falaises ont permis la fossilisation protectrice de nombreux gisements que seuls des travaux de terrassement pouvaient dès lors mettre au jour. Outre les découvertes fortuites (Lascaux n'est pas la moindre), les constructions de

La stratigraphie de Laugerie-Haute-Ouest aux Eyzies-de-Tayac

Cette séquence de référence représente 15 000 ans environ d'occupation humaine fossilisée sur plusieurs mètres d'épaisseur.

Laugerie-Haute Carte p. 9, 7
Cro-Magnon Carte p. 9, 15
Le Moustier Carte p. 8

routes ou de voies ferrées, tardives dans ce secteur reculé, ont exhumé ainsi Laugerie-Haute, Cro-Magnon... Ces habitats préhistoriques localisés près des cours d'eau, mais bien protégés par des éboulements et autres colmatages, ont souvent résisté à l'érosion des crues de la Vézère ou de la Dordogne. Si le lessivage des dépôts anthropiques reste assez fréquent (le Moustier, Laugerie-Haute...), nous privant de certaines informations, il n'en demeure pas moins que siècles après siècles, millénaires après millénaires, leur accumulation quasi continue a permis la constitution de ces grandes séquences stratigraphiques de référence, véritables calendriers de l'échelle des temps, alors qu'en d'autres lieux, les traces du passage des hommes, plus épisodiques au demeurant, se diluaient pour toujours dans les débordements boueux de la Seine ou de l'Aisne.

Au gré de la visite des sites, un amateur pourra mesurer à loisir «l'épaisseur» du temps géologique ou sédimentaire. Synthétisant les séquences des gisements inclus dans un rayon de quelques kilomètres autour des Eyzies, il pourra empiler mentalement les stratigraphies éponymes de la Micoque à la Madeleine... soit environ 400 000 ans de fréquentation humaine pour 40 mètres de sédimentation... et une moyenne fictive de 1 millimètre pour dix années écoulées. Cette image, qui ne tient bien sûr pas compte des lacunes dans les remplissages, des hiatus ou au contraire de comblements brutaux (effondrement de pans de falaise, etc.) est parfaitement trompeuse. Elle a cependant le mérite de rendre perceptible l'accumulation des dépôts archéologiques, et tangible la matérialité des palimpsestes de niveaux d'occupation laissés par nos ancêtres. Ainsi les sciences connexes de reconstitution du paléoenvironnement trouvent-elles là matière à application. Sauf cas particuliers en effet (stations de surface, etc.), racloirs moustériens, burins magdaléniens, haches polies néolithiques et poteries médiévales ne cohabitent pas en Périgord, mélangés dans un même horizon.

La Micoque Carte p. 9, 6
La Madeleine Carte p. 8

Par ailleurs, à la fin des temps glaciaires, une longue période d'intense colluvionnement a fermé pour des millénaires l'entrée de nombreux sanctuaires (Lascaux, Rouffignac). De fait, le monde clos, rigoureusement stable ainsi créé a préservé toute la fraîcheur non seulement des peintures et gravures, mais également les traces humaines encore plus fragiles que sont les empreintes de pas, de mains, de certaines matières organiques (bois, résine)... Autant de vestiges humbles, et tellement fugitifs, que l'on n'osait espérer découvrir comme ce fut le cas, mais ailleurs et pour des périodes postérieures, miraculeusement protégés dans la vase des lacs suisses, les tourbières d'Europe du Nord ou les tombeaux égyptiens.

Lascaux, Rouffignac Carte p. 8

Le contexte naturel, environnemental ne doit pas être oublié: en dehors des vallées classiques, sur les collines et plateaux fortement boisés, le Périgord a été en grande partie préservé des grands travaux agricoles, défrichements, remembrements et autres... On s'étonne aujourd'hui de la relative rareté des occupations de surface, plus temporaires il est vrai, même si les silex abondent dans nombre de champs... Certaines époques, du reste négligées des scientifiques, échapperaient encore à nos prospections... Que l'on se rassure, de tels gise-

Page de droite en haut
Le confluent Beune-Vézère (Les Eyzies-de-Tayac) sous climat «froid-humide»
Paysage de steppe et prairies légèrement boisées, de parcs où vivent aurochs, bison, cheval.

En bas
Le confluent Beune-Vézère sous climat «froid-sec»
Un paysage de steppe froide déboisée accueille renne, bouquetin, chamois, antilope saïga.

ments existent bel et bien au fond des bois, à l'abri d'un roncier. Que survienne un moment de déforestation suivi de labours profonds et l'on verra, comme il apparaît parfaitement dans la vallée de l'Isle grâce aux travaux de Jean Gaussen, que l'homme préhistorique a de tout temps fréquenté ces parages proches d'abris plus permanents... Autant de réserves archéologiques et de greniers d'étude qui s'ouvriront le temps venu aux chercheurs futurs.

Enfin, on n'oubliera pas que la qualité des vestiges ne vaut que celle de l'étude qui en est faite. Est-il besoin de rappeler que la recherche archéologique régionale, forte de plus d'un siècle et demi d'expérience, fut l'initiatrice de nouvelles méthodes d'études et contribua à une connaissance élargie de l'homme fossile, de son mode de vie et de ses relations avec son environnement, fondée sur une première approche réellement écologique et palethnographique?

Si la sédimentologie et la géologie s'intéressent à des phénomènes objectifs strictement indépendants de l'action humaine, du moins à l'époque préhistorique, il n'en va pas de même pour les études paléontologiques qui révèlent souvent l'impact du choix humain: les espèces étudiées sont alors celles que l'homme a consommées, avec ses contingences, ses préférences. Elles ne constituent qu'une partie de la faune effectivement présente dans le milieu environnant. Ces informations ont donc une valeur partielle et locale. Au contraire, la palynologie (étude des pollens fossiles, de leur répartition dans des cortèges polliniques sur lesquels l'intervention humaine est pratiquement sans incidence) procure des renseignements de portée régionale, permettant de reconstituer des paysages floristiques grâce aux évaluations des proportions respectives des diverses espèces végétales, de l'arbre aux graminées. Il faut se garder tout de même d'un triomphalisme qui propose trop souvent des images de reconstitutions abusives: on mesure encore mal l'influence des microclimats et l'on ne maîtrise guère mieux les facteurs qui conduisent à la «sur- ou sous-représentation» de certains des taxons végétaux. Grâce à une rigueur toute scientifique, les résultats pondérés des sciences paléoenvironnementales ont permis de reconstituer, avec d'autant plus de fiabilité que les interprétations demeurent prudentes, les fluctuations du climat de l'époque quaternaire pour la région et la période qui nous concernent. L'appréciation des conditions météorologiques paléolithiques semble évoluer entre trois stéréotypes, évidemment schématiques (voir Jean-Philippe Rigaud) et le plus souvent imbriqués:

- Climat froid/sec offrant un paysage de steppe froide déboisée accueillant renne, bouquetin, chamois, antilope saïga.
- Climat froid/humide offrant un paysage de steppe et prairie légèrement boisée, de parc où vivent aurochs, bison, cheval.
- Climat tempéré offrant un paysage de forêt claire à feuilles thermophiles peuplé de cerf, chevreuil, sanglier.

Des situations intermédiaires doivent cependant être envisagées pour tenir compte de l'impact d'éventuels microclimats, de l'altitude, de l'éloignement de la mer, de la nature géologique des terrains, etc. Les témoignages issus de fouilles montrent des imbrications complexes, le renne pouvant très bien cohabiter avec le cerf et être consommé cuit au bois de chêne... Il convient donc de déduire des tendances, instables au demeurant, et d'éviter le raccourci facile «climat glaciaire = conditions polaires et mode de vie esquimau»... François Bordes faisait d'ailleurs remarquer qu'aucune région du monde n'offrait aujourd'hui de condi-

tions environnementales équivalentes à celles du Périgord préhistorique. L'initiative revient donc à l'imagination... scientifique.

Le berceau de la science préhistorique

A l'aube du XIXe siècle, la celtomanie qui attribue encore les silex taillés aux Celtes et aux Gaulois reste empreinte de romantisme. Les premières recherches «préhistoriques», encore écartelées entre naturalisme, archéologie classique, épopée et mythe de l'origine, sortent de l'impasse et définissent leurs propres buts et méthodes vers 1830. Bien avant les élucubrations de Boucher de Perthes dans le nord de la France, les initiateurs de ce renouveau sont périgourdins.

Combe-Grenal, Pech-de-l'Aze Plan p. 2

En découvrant deux sites essentiels en Sarladais, Combe-Grenal et le Pech-de-l'Aze, respectivement en 1816 et 1817, François Vatar de Jouannet (1765-1845) se doutait-il qu'il serait considéré comme le «grand-père de la Préhistoire»? Venu tardivement à l'archéologie de terrain, il est le premier à orienter ses investigations vers les grottes et abris, jusqu'alors réservés aux naturalistes. Dès 1834, jetant les bases de l'étude technologique, (méthodes de taille, de polissage, origine des matières premières lithiques), il pressent antérieurement à l'ère de la pierre polie l'existence d'un véritable «Paléolithique».

De son côté, l'abbé Audierne, un ecclésiastique bien conventionnel, fait davantage figure d'archéologue de salon. Il faut cependant lui reconnaître un réel talent de vulgarisateur: il rédige en effet le premier guide touristique grand public, *De l'origine de l'enfance des arts en Périgord* suivi par *Le Périgord illustré*, publiés en 1851.

Avec Alexis de Gourgue (1801-1885), un nouveau pas est franchi: une carrière politique avortée ramène en son château de Lanquais ce géologue reliant déjà les découvertes de silex à leur contexte sédimentaire, notamment les nappes alluviales. Précurseur modeste, il propose l'étude de la répartition au sol des vestiges archéologiques, jetant ainsi les bases de futures observations palethnographiques...

Fervent «contemporanéiste», c'est-à-

Mammouth gravé sur ivoire de la Madeleine (Tursac)
Découverte par Edouard Lartet en 1864, cette pièce exceptionnelle apporte un argument définitif en faveur des thèses «contemporanéistes».

dire partisan de l'idée que l'homme et des animaux antédiluviens tels que le mammouth ont pu coexister, il s'oppose aux premières assertions de Boucher de Perthes en arguant d'une preuve incontestable, la découverte par Lartet d'une gravure de mammouth sur ivoire, exhumée du gisement de la Madeleine en 1864: l'homme a bien côtoyé ces animaux puisqu'il les a dessinés avec précision!

Edouard Lartet n'en était pas à ses premières découvertes: paléontologue averti, il avait déjà identifié le «pliopithèque» de Sansan (Gers) en 1837. En 1863, il passa plusieurs mois dans la vallée de la Vézère et fouilla Gorge-d'Enfer (abri Lartet), Laugerie-Haute, Laugerie-Basse, le Moustier, Liveyre, le Pech-de-l'Aze, etc. Délaissant une chronologie fondée sur la paléontologie (âge du mammouth, du grand ours... et enfin du renne), il intègre les acquis de la typologie et ouvre la voie à la première classification réellement archéologique, celle de Gabriel de Mortillet qui synthétise vers 1870 les données de la stratigraphie, de la paléontologie et bien sûr de la typologie.

Lartet
Carte p. 9, 11

L'ère de la contestation succède aux débats des précurseurs. La découverte des squelettes de Cro-Magnon aux Eyzies en 1868 divise les préhistoriens. Admettre l'idée de sépulture revient à reconnaître à l'homme préhistorique des préoccupations métaphysiques. Le défunt de Laugerie-Basse, exhumé par Massenat quatre ans plus tard, passe encore pour un «homme écrasé par un bloc» à qui l'on dénie toute sépulture intentionnelle. Seul Hément déclare dans une note de 1872 à l'Académie des sciences que «le sauvage en question [...] a été placé intentionnellement sous les blocs». Massénat, Cartailhac et Lalande, au comble de la suffisance, rétorquent que «l'auteur de la note [...] oublie qu'il combat des explorateurs chevronnés». On finit par admettre une possible religiosité de l'*Homo sapiens*,

Laugerie-Basse
Carte p. 9,10

finalement très proche de nous. Mais on en débattra encore longtemps pour l'homme de Néandertal, «être brutal et bestial», «cervelle obtuse» (Leroy, 1914)... En 1908, Philippe de Mortillet continuera à contester les sépultures de la Ferrassie: «il était logique de croire que le squelette appartienne à des victimes d'un accident...».

Procédant de la même conception réductrice de l'homme préhistorique, un autre débat fondamental alimenté par une véritable pluie de découvertes, celles des

grottes ornées, allait secouer à la même époque la communauté scientifique.

La reconnaissance de l'art paléolithique

Curieusement, le Périgord n'a pas la primeur des découvertes d'art mobilier préhistorique. Les premiers objets «celtiques» exhumés vers 1830 dans le Puy-de-Dôme, la Vienne, la Haute-Savoie accréditent les pièces récoltées trente ans plus tard par Lartet en Ariège ou le long de la Vézère. C'est tout naturellement que leur ancienneté et leur origine humaine sont acceptées par la communauté des chercheurs.

Il n'en va pas de même pour les œuvres pariétales. Là aussi, la découverte *princeps*, en 1878, est située ailleurs

Le confluent Beune-Vézère (Les Eyzies-de-Tayac) sous climat «tempéré»

Paysage de forêt claire à feuilles thermophiles, peuplé de cerf, chevreuil, sanglier.

(grotte Chabot en Ardèche). L'affaire d'Altamira (Espagne), l'année suivante, se heurte au scepticisme de Cartailhac. En 1883, Daleau reconnaît des gravures à Pair-non-Pair (Gironde) sans emporter la décision.

La Mouthe
Carte p. 9, 20

Aux Eyzies, la grotte de la Mouthe subit les assauts de Rivière à partir de 1894, mais la nouvelle de la découverte des peintures et gravures n'éclate qu'en 1895 et déclenche immédiatement une vive polémique: contre les partisans de l'ancienneté de ces œuvres pariétales, certains, tel Massénat, fustigent les «ébauches grossières», ces «caricatures d'animaux modernes» qui ne peuvent être comparées aux œuvres d'art mobilier magdaléniennes... La plupart des scientifiques affichent une réserve de circonstance...

8 septembre 1901: la journée commence mal pour le jeune abbé Breuil, le savant docteur Capitan et l'incontournable instituteur du village, Denis Peyrony... Impossible de trouver la moindre trace du gisement de la Vénus de Sireuil, une très belle statuette féminine mise au jour fortuitement. La journée à peine entamée laisse le temps d'aller vérifier les dires du vieux Pomarel, qui prétend avoir vu tout près des «bêtes identiques à celles de la Mouthe». Mais tout de même, dans cette grotte de Combarelles ouverte à tous vents, déjà fouillée et probablement visitée par Rivière!... On connaît la suite. Franchissant une étroiture, le plus svelte des quatre complices s'obstine et le miracle se produit: «Hourra, pour une découverte, en voilà une d'envergure pour Capitan et moi-même: une immense grotte à gravures, elle a 300 mètres de long [...] ce sera un énorme pétard dans le monde préhistorique [...] Massénat va en rentrer sous

Vénus de Sireuil
Carte p. 9, 2

Combarelles
Carte p. 9, 5

Le village des Eyzies vers 1900

A l'époque des grandes découvertes d'art pariétal, le musée des Eyzies n'existe pas encore: on remarquera les ruines du château qui, restaurées à partir de 1913, allaient bientôt l'accueillir.

terre et Rivière en crever de jalousie, ce sera pittoresque» écrit Breuil à son ami Bouyssonnie.

L'affaire, en effet, était d'importance: un argument de poids pour confirmer l'âge paléolithique de cet ensemble pariétal. Quelques jours plus tard, le miracle se reproduit pour Peyrony dans une caverne connue de tout le village, la grotte des Sourds à Font-de-Gaume, ancienne tour de guet du Moyen Age devenue bergerie... Une nouvelle étroiture franchie à la lueur des bougies, et les taches de couleur perceptibles sur les parois s'organisent en un fantastique sanctuaire pariétal. Le 20 septembre, c'est au tour des autres protagonistes, Capitan et Breuil, de pénétrer dans la cavité et le jeune abbé de confirmer que «ces merveilleuses découvertes allaient aiguiller sa vie définitivement». L'affaire était entendue. Le congrès de l'Association française pour l'avancement des Sciences de Périgueux, en 1902, reconnaît de façon formelle l'art pariétal paléolithique et Cartailhac publie son «*mea culpa* d'un sceptique».

Teyjat
Plan p. 2
Cap-Blanc
Carte p. 8
Commarque
Carte p. 9, 1

Hormis quelques irréductibles, tous accueillent avec enthousiasme les nouvelles découvertes qui s'accumulent: Bernifal (1902), Teyjat (1903), la Grèze (1904), le Cap-Blanc (1910), l'abri du Poisson (1912), Commarque et Nancy (1913), démontrant, si besoin était, l'énorme potentiel de la vallée de la Vézère.

Le combat pour la sauvegarde du patrimoine

• *L'affaire de l'abri du Poisson et la loi de 1913*

Si l'idée de collection remonte assurément à la plus haute antiquité, voire probablement bien au-delà – les hommes du Paléolithique n'ont-ils pas pratiqué une «collecte» primitive d'objets ou de curiosités qui les intriguaient? – la notion de protection et de conservation *in situ* des vestiges apparaît en revanche un acquis bien récent. Alors que durant les années folles les fouilles battent leur plein en Périgord, une affaire de dégradation de gisement archéologique défraie la chronique locale pour prendre bientôt des proportions considérables.

Gorge-d'Enfer
Carte p. 9, 12
Le Poisson
Carte p. 9, 14

Sur la commune même des Eyzies s'ouvre dans le vallon de Gorge-d'Enfer célébré par Lartet le petit abri du Poisson, exploité à partir de 1892, dont l'histoire vaut d'être contée. Aujourd'hui encore, on remarque tout autour de la sculpture de saumon à laquelle le site doit son nom de profondes perforations ainsi qu'une sévère ablation de matière. Ce sont là les stigmates d'une tentative, heureusement avortée, de détachement de l'œuvre de la paroi effectuée peu avant la Première Guerre mondiale. De telles pratiques étaient relativement courantes à l'époque, qu'elles obéissent à des préoccupations conservatoires ou plus mercantiles, voire les deux à la fois. Depuis plusieurs années sévissait dans la région, en toute légalité d'ailleurs, un antiquaire suisse d'origine germanique, Otto Hauser, personnage original et commerçant patenté, qui proposait aux touristes des objets de fouille au prix fort... dans un comptoir de vente sis à Laugerie-Haute et pompeusement dénommé «Bureau des fouilles et antiquités». L'affaire était florissante et les bénéfices subventionnaient de nouvelles «recherches» sur des gisements tels la Micoque, Laugerie-Haute, etc. Au même moment, au même endroit, l'officiel français Peyrony devait se contenter de modestes travaux pendant les rares périodes où Hauser interrompait les siens. La jalousie, la rancœur que ce dernier suscitait en faisaient, dans un contexte très patriotique, un parfait bouc émissaire. Certes, la tentative de désolidarisation du saumon de la paroi répondait aux offres secrètes du musée

La Micoque
Carte p. 9, 6
Laugerie-Haute
Carte p. 9, 7

anthropologique de Berlin, mais Hauser n'est jamais nommément désigné dans les procès-verbaux de l'époque. Peyrony intervint avec son efficacité habituelle. Le ministère des Beaux-Arts fit apposer les scellés sur l'abri le 11 décembre 1912. Un an plus tard était promulguée la loi de 1913 définissant la protection des monuments historiques...

Ainsi, alors que ses fouilles en tranchées préfiguraient Verdun, Hauser l'éventreur de gisements eut tout de même un mérite: en cristallisant sur sa personne les lacunes de la législation, il incita à légiférer et provoqua par réaction une autre opération décisive: la fondation du musée national de Préhistoire.

• *La création du musée national de Préhistoire*

Alors que dès 1905 Cartailhac déplorait le vandalisme commercial sévissant dans la région («pour quelques objets sauvés, que de pages de l'histoire de l'homme à jamais déchirées et perdues»), Denis Peyrony fut le premier à défendre le principe de conserver et de mettre en valeur sur place le patrimoine archéologique régional. Ainsi engageait-il la future capitale mondiale de la préhistoire sur la voie du tourisme culturel. Au-delà des principes déontologiques évidemment fondés, l'instituteur du village n'ignorait rien des difficultés économiques de la commune depuis la fermeture des forges séculaires et des carrières de kaolin. La préhistoire était déjà un enjeu économique... Otto Hauser du reste l'avait bien compris, qui s'efforçait également dès 1910 de modifier son image de marque: avec un sens de l'à-propos quelque peu teinté d'hypocrisie, il avait offert au maire des Eyzies de «conserver les plus intéressantes de ses recherches dans la région et de former à titre gratuit le stock nécessaire pour un musée privé à Laugerie-Haute». Cette rivalité entre Hauser et Peyrony, le premier largement soutenu dans son rôle de rabatteur par le musée des Antiquités nationales, trouva un dénouement heureux quand le second, relevant l'incompatibilité de nature entre conservation du patrimoine et commerce international, engagea en 1913 la procé-

Saumon sculpté de l'abri du Poisson (Les Eyzies-de-Tayac)

On remarque facilement les perforations qui ceinturent la sculpture, séquelles des tentatives de découpage en 1912.

dure d'acquisition des ruines désolées de l'ancien château de Jean-Guy de Beynac. Dès 1918, trois salles sont installées dans l'ancien donjon, mais il faut attendre 1923 pour l'inauguration officielle: le voici promu «musée régional de Préhistoire» avec son centre de recherche que tous les grands préhistoriens français ou étrangers fréquentent assidûment. Peyrony, néanmoins, surtout préoccupé de l'établissement de la chronologie préhistorique d'après la typologie, maintint des liens étroits avec le grand frère de l'époque, le musée des Antiquités nationales de Saint-Germain-en-Laye qui continua à bénéficier du dépôt des plus beaux objets d'art, exhumés par centaines et transférés dans la capitale, du moins pour les moins pondéreux... C'est ainsi que le musée des Eyzies conserve aujourd'hui la plus belle collection de blocs ornés au monde, gage de sa renommée actuelle. Au moins l'hémorragie des collections périgourdines se trouve-t-elle de fait partiellement jugulée.

La personnalité du chercheur de l'entre-deux-guerres? Véritable amateur à prétention scientifique, désintéressé ou affairiste pur et simple, il doit posséder une bourse bien garnie: à sa charge, la location du terrain, le salaire des ouvriers de fouilles, les achats d'outillage, etc. Toutes charges financières qu'il faut au moins compenser partiellement par l'échange ou la vente d'objets ou de séries représentatives... Quelle importance du reste, puisque le patrimoine de la Vézère semble toujours inépuisable et que silex et ossements apparaissent comme des fossiles directeurs répétitifs, nullement irremplaçables, pouvant dès lors faire l'objet de trocs fructueux...

En toute légalité, en toute bonne foi, chacun procède ainsi pour alimenter des collections privées ou publiques, françaises ou étrangères... Le gisement éponyme de la Madeleine n'est-il pas représenté aujourd'hui dans plus de cinquante collections publiques anciennes, et chez combien de particuliers?

Denis Peyrony, rapidement promu inspecteur des Monuments historiques, fut le premier à contrecarrer le système dont il avait lui-même, tout au début du moins,

Les rennes affrontés de Font-de-Gaume

Souvent interprété comme exécutant une parade prénuptiale, ce couple constitue l'une des plus belles scènes de l'art paléolithique.

fait usage par nécessité. Bénéficiant après 1911 d'un premier soutien financier du ministère des Beaux-Arts et de l'Instruction publique, assez symbolique au demeurant, il ouvrit la voie d'une professionnalisation de la recherche archéologique. Cette attitude, à contre-courant des usages de l'époque, lui valut de solides inimitiés, souvent fort éloignées du débat scientifique. Pour beaucoup, toute législation restrictive était vécue comme une «entrave à la science». En 1924, la mise en application d'un article complémentaire du règlement d'administration publique faisant obligation de déclaration en mairie des découvertes archéologiques fut ressentie comme «une brimade pour les travailleurs désintéressés», les bénévoles généralement fortunés devenus curieusement libertaires... Plus surprenante encore la position du directeur des Antiquités nationales de Saint-Germain-en-Laye, monsieur de Mortillet, qui n'hésite pas à prendre parti à propos de la polémique née autour de la découverte – et de l'exportation – par Hauser de l'Homme du Moustier en 1910: au nom d'une science apatride, rien ne devait être reproché au savant allemand... «La liberté de fouiller dans les stations de France doit être laissée à tous, même aux étrangers... Halte au boulangisme scientifique!».

On croit rêver: mais le Parisien de Mortillet, directeur du grand musée d'archéologie de l'époque, n'avait-il pas lui aussi tout intérêt à fulminer contre les tentations régionalistes...? Il faudra attendre la promulgation de la loi Carcopino en 1941 pour que le devenir des collections archéologiques soit enfin régi par des textes. Ceux-ci sont sans appel. Toute opération de fouille requiert la double autorisation du propriétaire du terrain et du ministère. En règle générale, la propriété des objets demeure, pour partie au moins, au possesseur du fonds, mais l'Etat peut revendiquer ce matériel pour un établissement spécialisé dans la conservation et l'exposition, moyennant indemnisation financière éventuelle. L'âge d'or des musées vient enfin de commencer, mais bon nombre d'étapes restent à franchir pour que soit reconnue dans les faits la valeur patrimoniale des collections archéologiques et garantie leur réelle inaliénabilité.

Au plan régional, c'est dans cet objectif que le musée national de Préhistoire s'est efforcé de rassembler la quasi totalité des séries industrielles exhumées des gisements mentionnés dans cet ouvrage.

Les fouilles d'Otto Hauser en 1908

La gigantesque tranchée entamant le gisement de la Micoque donne une image des piètres méthodes de fouille mises en œuvre par l'antiquaire.

D'*ERECTUS* À NÉANDERTAL: LES PLUS ANCIENS PÉRIGOURDINS...

Premières traces de l'homme en Périgord

Hormis l'hypothétique chopper de «Sept-Fonts», simple galet pourvu de quelques enlèvements découvert près de Périgueux dans une formation fluviatile, dont la datation présumée pourrait excéder 2 millions d'années, aucun artefact incontestablement humain en Dordogne n'est antérieur à la fin du Pléistocène moyen, vers 500 000 ans. Entre cet outil dont l'origine anthropique est sérieusement contestée et les témoins fiables d'une colonisation humaine, il existe donc un sérieux hiatus de près d'un million cinq cent mille ans: des formations sédimentaires fossilifères datant de ce long intervalle existent pourtant en Europe, en France, et notamment dans le Massif central. Certains sites présentent d'importantes accumulations d'ossements animaux entremêlés de quelques galets taillés assurément de la main de l'homme, et voient leur datation osciller autour d'un million d'années + ou – 200 000-300 000 ans.

En Périgord, de tels gisements, qui ont peut-être existé, semblent avoir disparu,

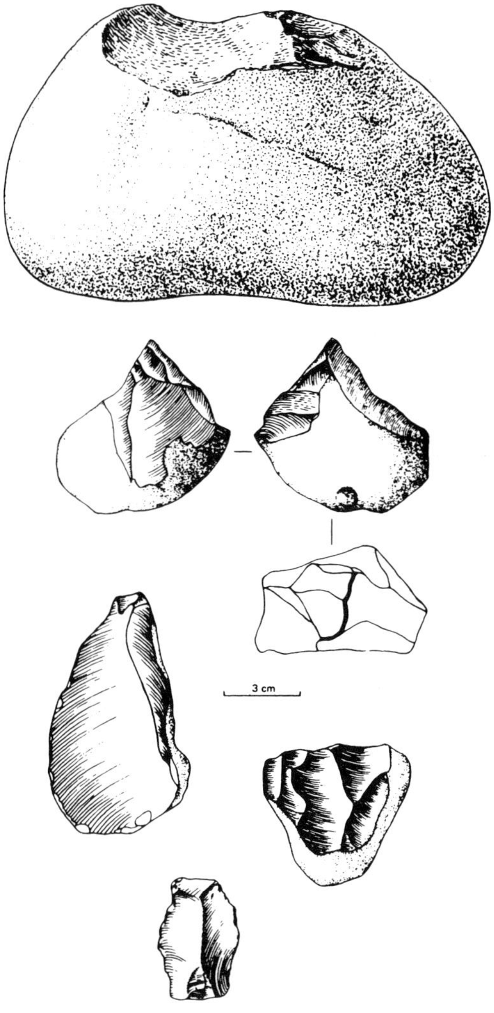

Chopper de Sept-Fonts et industrie lithique de Malleret et les Vergnes

Ces pièces très archaïques ont été trouvées in situ *dans les formations alluviales de l'Isle et de la Dordogne.*

victimes d'une phase d'érosion postérieure ou dissimulés par une épaisse sédimentation quaternaire et désormais hors de portée des moyens d'investigation classiques. Néanmoins, le surcreusement naturel des vallées, l'exploitation industrielle des gravières mettent régulièrement au jour des outillages en silex taillés au sein des formations alluviales de la Dordogne (région de Saint-Loubès) ou de la Vézère (Verdier, Beune, etc.).

Pour n'être pas très anciens, ils échappent souvent aux méthodes classiques de datation absolue (physique, isotopique, etc.). La biostratigraphie, étudiée à l'échelle régionale, reste donc le plus performant des moyens de datation des niveaux fossilifères de la région, dont les attributions s'échelonnent du Mindel à l'interglaciaire Mindel-Riss. Le corpus des gisements, quelques unités dispersées, prévient toute tentative de géographie préhistorique.

Des artefacts humains façonnés par nos ancêtres, globalement contemporains et sans doute très proches de leur cousin languedocien l'homme de Tautavel, ont quelquefois été découverts en cavité karstique, le meilleur site demeurant la grotte Vaufrey dont le contexte a permis une remarquable étude paléoenvironnementale (voir *infra*).

Pour l'heure, l'inventaire des plus anciens outils de la région, 160 pièces tout de même, fait déjà ressortir certains traits originaux des industries lithiques anté-acheuléennes (vers 500 000 ans) de l'Aquitaine. Les premiers objets sont traditionnellement débités sur galets de quartzite ou rognons de silex à débitage unipolaire. Puis, ce matériel est rapidement supplanté par l'emploi d'éclats-supports d'origine éventuellement naturelle (congélifracts de Barbas) dénotant déjà une remarquable diversité typologique (burins, racloirs, becs, coches, etc.).

Un peu plus tard, débordant sur l'interglaciaire Mindel-Riss et couvrant surtout la totalité de la glaciation du Riss, la séquence archéologique qui voit persister les dernières industries acheuléennes et se développer le complexe moustérien peut désormais s'appuyer sur plusieurs gisements fondamentaux remarquablement étudiés. Leurs stratigraphies, largement parallèles et quelquefois complémentaires, recèlent des ensembles industriels qui font déjà apparaître des caractères typologiques extrêmement variés et pour le moins originaux.

Une des caractéristiques spécifiques du Paléolithique inférieur de la région a été définie par Eric Boëda comme «méthode de façonnage trifaciale» à partir des industries du Pech-de-l'Aze II (couches 8 et 9) et de la Micoque (couches 3, 4 et 5): dans ce style de débitage, la notion de nucléus est difficilement dissociable de celle de biface.

A la grotte Vaufrey au contraire, dans des couches profondes (12 et 16) étudiées sur une surface limitée, les bifaces vrais ou partiels semblent relativement abondants au détriment des objets sur éclats, parmi lesquels de rares hachereaux.

A la Micoque enfin, les industries rissiennes, essentiellement sur éclat, ne comportent pratiquement aucun biface.

Ainsi, la césure classique, facile et un peu simpliste entre un Paléolithique inférieur à bifaces et un Paléolithique moyen à éclats apparaît-elle caduque en Aquitaine. Le survol, en parallèle, de quelques grands gisements classiques du Périgord permet d'apporter des éléments d'information.

• *Le campement de la Micoque*

Aux Eyzies même, site doublement éponyme des faciès micoquien et tayacien, la Micoque, ancien campement de plein air en pied de falaise, a été sérieusement meurtri par les fouilles anciennes. Après Rivière, Chauvet, Capitan, Harlé, Car-

La Micoque
Carte p. 9, 6

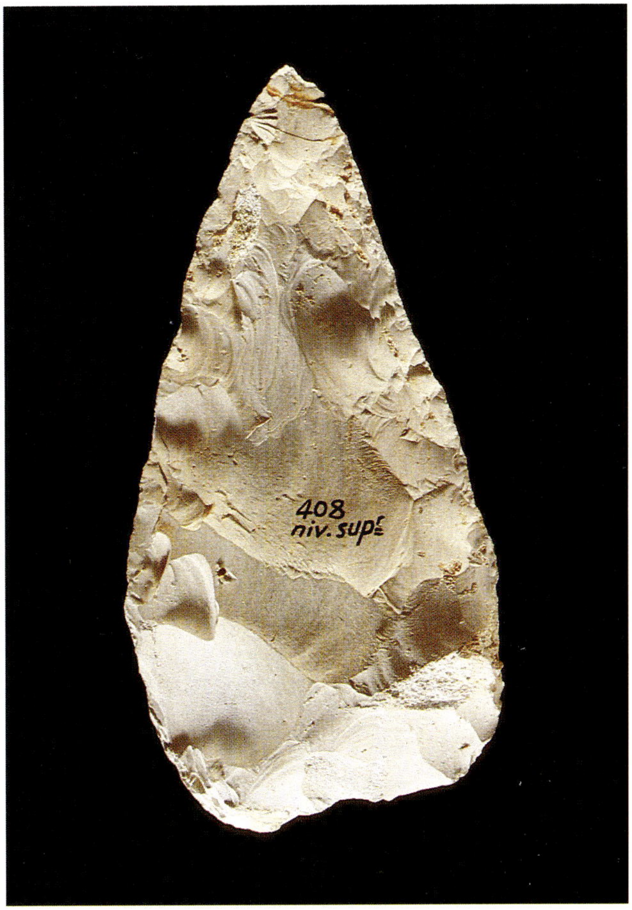

tailhac et Hauser, Denis Peyrony allait épuiser en 1929 et 1932 les derniers lambeaux de la couche supérieure ayant livré la première industrie «micoquienne», aujourd'hui irrémédiablement disparue. Les recherches scientifiques de François Bordes en 1956 et celles actuelles de Jean-Philippe Rigaud et André Debenath, à la tête d'une équipe pluridisciplinaire, s'attachent nécessairement à la séquence inférieure globalement épargnée. Sa puissance résiduelle oscille aujourd'hui entre 6 et 10 mètres selon les endroits et elle recèle encore des industries «tayaciennes». Les interprétations de l'entre-deux-guerres apparaissent, en l'absence de données de comparaison, encore très contradictoires: les industries des couches inférieures (1 et 2) renfermant des «éclats usagés» sans biface furent tour à tour définies comme «clactoniennes» par Breuil, «tayaciennes» par Peyrony... L'un et l'autre s'opposaient également pour la séquence médiane, tayacienne pour le premier, moustérienne pour le second. Seule la couche sommitale, celle du Micoquien, faisait l'unanimité...

Les travaux actuels s'attachent principalement à reconsidérer la situation chronologique du gisement sur la base de l'étude paléontologique des associations fauniques et de nouvelles méthodes de datation absolue.

Galets aménagés des terrasses de la Dordogne

Choppers et chopping-tools représentent les plus anciens vestiges laissés par l'homme il y a plus de 500 000 ans.

Un biface micoquien typique

Ce fossile directeur taillé sur silex se caractérise par une forme allongée, une base épaisse, une extrémité très fine, et des bords souvent légèrement lancéolés.

Le site de la Micoque aux Eyzies-de-Tayac

Ce site éponyme en pied de falaise demeure pour l'instant le plus ancien gisement stratifié du Périgord.

Reposant sur des formations fluviatiles, la stratigraphie paraît singulièrement plus ancienne qu'on ne pouvait l'imaginer précédemment. L'ensemble inférieur E à L2/3 serait attribuable à une biozone située entre 300 000 et 400 000 ans (stades isotopiques 7 à 9 et début du 6). La caractérisation des industries lithiques a également été précisée. Si certaines (couches J et K) n'autorisent qu'une étude sommaire (matériel concassé, silex trop altéré ou trop congélifracté), l'ancien «Tayacien» de Peyrony fait apparaître divers caractères (débitage unipolaire des éclats, retouches écailleuses, présence de quelques bifaces) qui font envisager un diagnostic de Moustérien de type Quina. Plus ancienne, l'industrie de L2/3, taillée au percuteur dur (en pierre), retouchée au percuteur tendre (en bois), associe quelques bifaces à un débitage Levallois faiblement représenté (figure p. 38). Cette industrie est d'autant plus intéressante qu'elle bénéficie d'une datation absolue par résonance magnétique (méthode ESR: electro-spin-resonance) et paléomagnétisme remarquablement précise, 287 000 + ou – 11 000 BP, et confirme l'ancienneté de l'occupation humaine du site.

Les fouilles en cours – visitables l'été – laissent encore en suspens de nombreuses questions et ne peuvent pour l'instant régler de façon définitive le problème du positionnement du Micoquien au sein de la séquence classique. En tout état de cause, ces fameux bifaces triangulaires, légèrement lancéolés, coiffaient peut-être la séquence en position secondaire (autrement dit dans une position géologiquement perturbée)... En revanche, les données obtenues, bien datées, assurent les rares jalons du Paléolithique ancien régional et se corrèlent bien au schéma d'organisation suggéré par les séquences plus récentes.

• *La grotte du Pech-de-l'Aze II*

Pech-de-l'Aze
Plan p. 2

Avec également 5 mètres de dépôts archéologiques, la grotte du Pech-de-l'Aze II, à l'est de Sarlat, constitue un autre classique du genre. Explorée dès le début du XIXe siècle, elle ne fut scientifiquement fouillée que par François Bordes entre 1950 et 1969 et étudiée au plan paléoenvironnemental par Laville, Paquereau, Prat et Laquay.

Les niveaux inférieurs (6 à 9) mis en place au cours de fluctuations froides et tempérées contenaient des industries de type acheuléen, à bifaces assez frustes et débitage faiblement Levallois; la faune associe cheval, bovidé, ours, rhinocéros de Merck, cerf et chevreuil. Au-dessus, et après un épisode rigoureux (niveau 5), les niveaux déposés à l'occasion d'oscillations plus tempérées renferment des industries attribuables au Paléolithique moyen, Moustérien typique et à denticulés surmontées d'un Moustérien «typique enrichi en racloirs» inclus dans une couche nettement plus froide.

Récemment appliquée à la séquence, la méthode ESR fournit une série de dates globalement cohérentes: la couche 2 daterait des environs de 59 000-54 000 BP, la couche 3 de 72 000-60 000 BP, la couche 4 de 87 000-71 000 BP, la couche 5 de 146 000-128 000 BP, les niveaux 6 à 9, regroupés, oscillant entre 160 000-130 000 BP.

On notera également la découverte d'un fragment osseux qui porte de curieuses traces incisées... Sans oser parler de gravure, et encore moins d'œuvre d'art, nous sommes peut-être bien en présence d'une preuve d'activité «non directement utilitaire» à laquelle on ne s'attendait pas... plus de cinquante millénaires avant l'art paléolithique.

• *La grotte Vaufrey*

L'attrait constamment exercé par la vallée de la Vézère a largement occulté d'autres secteurs également très riches. Ainsi, la falaise du Comte, dominant la vallée du Céou, comprend une vingtaine de cavités actuellement répertoriées, et simplement dénommées par leur numéro d'ordre de I à XXI. Si toutes ne recèlent pas de remplissage archéologique, la cavité qui nous intéresse ici, autrefois connue sous l'appellation de grotte XV, fut l'objet de sondages par l'anthropologue Raymond Vaufrey en 1930.

Vaufrey
Plan p. 2

Quarante ans plus tard, Jean-Philippe Rigaud y engageait des fouilles remarquables. Les résultats sont à la hauteur de la qualité des travaux qui permirent l'étude d'une stratigraphie atteignant 7 mètres de puissance dégagée sur 78 mètres carrés pour la couche 8. Le choix des hommes préhistoriques s'était porté sur ce vaste porche naturel, ouvert à l'ouest et prolongé de deux courtes galeries, pour des raisons de confort: l'étude comparative du climat actuel fait encore apparaître des conditions très favorables, entre autres une isolation maximale de midi au coucher du soleil et une parfaite protection contre la neige et la pluie. Elle pouvait être occupée pendant la saison froide, au prix de quelques aménagements (parevents sommaires, foyers proches des parois).

Le remplissage archéologique se compose à la base de formations fines d'origine purement karstique, tandis que les dépôts sont à dominante cryoclastique

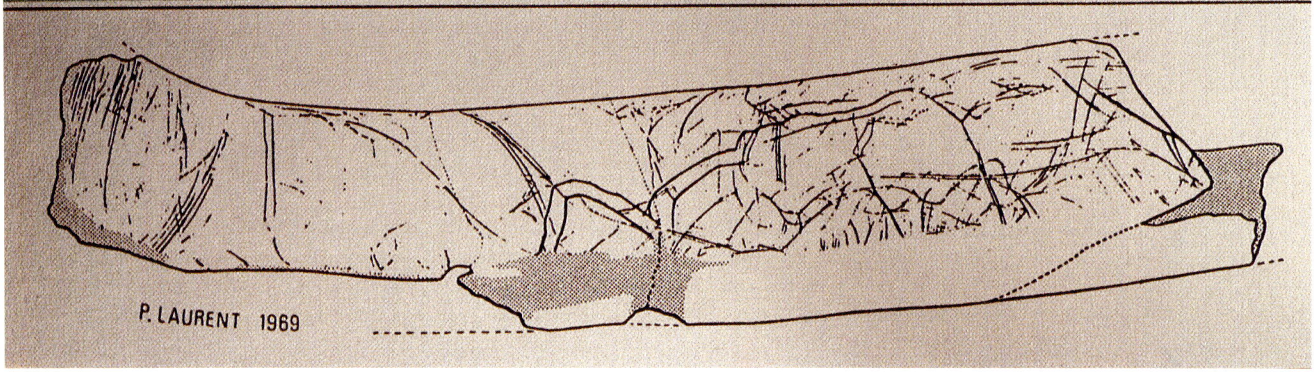

dans la partie supérieure. Le reste inclut des dépôts mixtes et quelques éboulis calcaires. La séquence, entrecoupée de plusieurs planchers stalagmitiques, apparaît toutefois discontinue: l'étude sédimentologique a montré plusieurs lacunes stratigraphiques dues à des arrêts de sédimentation ou même à des phases d'érosion. Les industries humaines se répartissent sur une douzaine de couches parfois subdivisées en sous-niveaux, et complétées à la base (couches 13 à 15) par des vestiges purement paléontologiques.

Proche de la surface, la couche 1, plutôt pauvre, appartient probablement à un Moustérien de type Quina. Les couches 2 à 8, inégalement riches mais très homogènes, relèvent toutes du Moustérien typique défini par François Bordes. Le débitage Levallois est fréquent, et les outils classiques tels que racloirs, encoches, denticulés, couteaux à dos s'inscrivent dans les limites étroites de la variabilité de ce faciès industriel. Un outillage osseux incontestable et diversifié est également présent dans la couche 8, entre autres, et montre des traces d'aménagement, d'abrasion, de martelage, de percussion et même de piquetage.

Par ailleurs, les moustériens de la couche 6 ont assurément rapporté à leur campement un dentale (coquillage fossile) collecté dans les environs. En-dessous de la couche 9, très pauvre, le matériel des couches 10 à 12 présente de profondes différences: la méthode Levallois y semble inconnue et des objets assez abondants comme les choppers, chopping-tool sur galets et hachereaux signent l'appartenance à un Acheuléen véritable, probablement ancien.

Os gravé du Pech-de-l'Aze (Carsac)

Il présente effectivement des incisions énigmatiques, d'interprétation délicate, qui en feraient le plus ancien «objet non utilitaire» de la région.

Un faisceau de datations absolues, obtenues par diverses méthodes (thermoluminescence et uranium thorium) confirme la cohérence du remplissage et se révèle en parfaite adéquation avec les propositions d'attribution culturelle. La couche 4 par exemple daterait de 120 000 BC environ (correspondant au stade isotopique 5 e), les ensembles inférieurs étant logiquement plus anciens (couche 8: 142 000 BC, couche 9 vers 190 000 BC) pour atteindre plus de 200 000 ans pour la couche 10. De fait cette séquence s'intègre au cadre chronoclimatique du sud-ouest aquitain entre le tout début du Riss et le Würm ancien, au gré de plusieurs oscillations climatiques plus clémentes. Il a bien sûr été réservé une large place aux études paléoenvironnementales et palethnographiques et les résultats de la palynologie cadrent aisément avec les informations délivrées par des sites à compétence équivalente (Combe-Grenal, Pech-de-l'Aze).

La faune a fait l'objet d'études particulièrement précises qui vont bien au-delà de la simple détermination spécifique. Le cortège faunique identifié manifeste déjà son envergure et sa diversité: les couches les plus anciennes (15 à 12) recelaient, en position secondaire, de nombreux ossements attribuables à *Ursus deningeri*, un ours archaïque actuellement disparu. Dans les séquences archéologiques où la présence humaine est affirmée, les vestiges abondent de carnivores de grande taille, ursidés entre autres (*Ursus arctos* ou *deningeri spelaeus*), accompagnés de lynx des cavernes (couches 9 et 4), de loup dans divers horizons et également de cuon (un canidé sauvage vivant de nos jours en Asie centrale, couche 8) et de renard, polaire ou commun.

Parmi les herbivores, le cerf domine (et notamment l'élaphe, couche 8), mais on trouve également l'antilope saïga (couche 4), le thar (un capridé vivant actuellement dans l'Himalaya, couches 11 à 5) ainsi que des bouquetins dans les couches supérieures et quelques rares chevaux. Les lapins sont très abondants, principalement dans la couche 8.

D'après les scientifiques, l'homme ne serait que partiellement responsable de l'accumulation de ces ossements à laquelle auraient participé activement d'autres prédateurs ou charognards comme le cuon et le loup. Les moustériens pourraient avoir récupéré des morceaux de carcasses de cheval, de cerf déjà exploités par d'autres carnivores. Aucun

Stratigraphie de la grotte Vaufrey (Cénac et Saint-Julien)

Magistralement fouillé, ce gisement a fourni des informations particulièrement novatrices tant dans le domaine paléoenvironnemental qu'à propos du mode de vie des anciens Périgourdins.

ossement ne présente en effet de trace de décarnisation au silex ou de cuisson au feu. Une relative abondance devait régner à l'époque puisque les hommes n'ont pas totalement épuisé le potentiel nourricier de ces carcasses: l'extraction de la moelle par fracturation des os reste peu pratiquée. C'est donc une image très différente du traditionnel chasseur de gros gibier que révèle l'étude des documents exhumés à la grotte Vaufrey, mais sans doute beaucoup plus proche de la réalité.

Le groupe humain qui fréquentait la cavité n'a laissé que de très modestes «structures d'habitat»: quelques zones de combustion – on n'ose parler de foyer réellement structuré – laissant présager des cellules peu étoffées, deux à six personnes environ se succédant épisodiquement par périodes brèves dans l'abri. La couche 8 par exemple ne doit pas être interprétée comme un sol, mais plutôt comme un palimpseste de plusieurs occupations. Il en va de même pour les couches 4 et 5 où, de fait, les propositions de reconstitution de l'espace domestique, prudentes et sérieuses tout à la fois, apparaissent à l'évidence beaucoup moins spectaculaires que sur des sites contemporains interprétés sans rigueur scientifique.

L'étude des matières premières, roches dures et silex taillés par les hommes préhistoriques, s'avère également d'un grand intérêt: selon les niveaux, différents gîtes et affleurements ont été exploités. Les plus proches, fournissant de 60 à 98 % des objets, sont confinés dans un rayon de 5 kilomètres autour du site. Les hommes n'ont pourtant pas négligé, pour certains silex de qualité particulière, d'aller se ravitailler jusqu'à 50 voire 80 kilomètres autour de la grotte. Dans ce cas, la matière apportée a été exploitée à fond, tandis que le silex local laisse d'abondants déchets *in situ*.

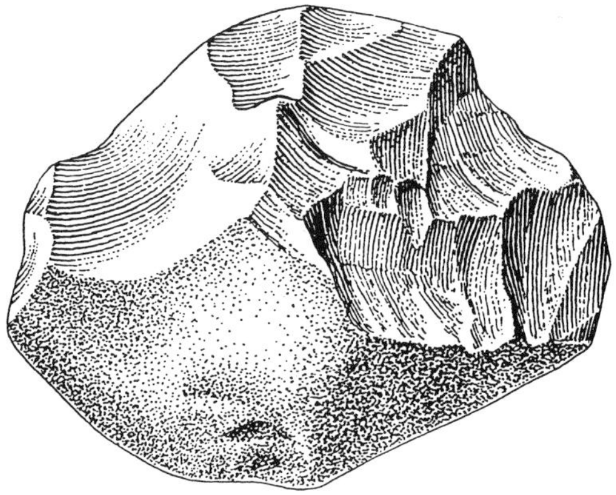

La technologie occasionnellement Levallois témoigne d'un comportement «opportuniste», mais le territoire des hommes de Vaufrey indique un approvisionnement plutôt Nord-Aquitaine. Taillé, débité en lame ou éclat, éventuellement retouché en outil à part entière, le silex intervenait dans diverses opérations de fabrication ou transformation. L'analyse microscopique – micro-tracéologique – des traces d'usage fait apparaître un travail conséquent de matériaux tels que le bois. Certaines pièces, au contraire, révèlent un poli spécifique vraisemblablement imputable au traitement des peaux ou au raclage de l'os. Curieusement, de nombreux objets en silex sont vierges de tout stigmate d'usure et correspondent probablement à un matériel débité et stocké en vue d'une utilisation ultérieure. Enfin, des racloirs convergents et des pointes retouchées, visiblement fracturés par flexion, peuvent être interprétés comme des pointes emmanchées cassées à l'usage.

Les informations remarquablement précises que nous ont fournies les études pluridisciplinaires engagées sur la grotte Vaufrey modifient considérablement notre représentation des anciens néandertaliens, autant charognards que chasseurs, mais également grands voyageurs, choisissant leurs silex avec un soin parti-

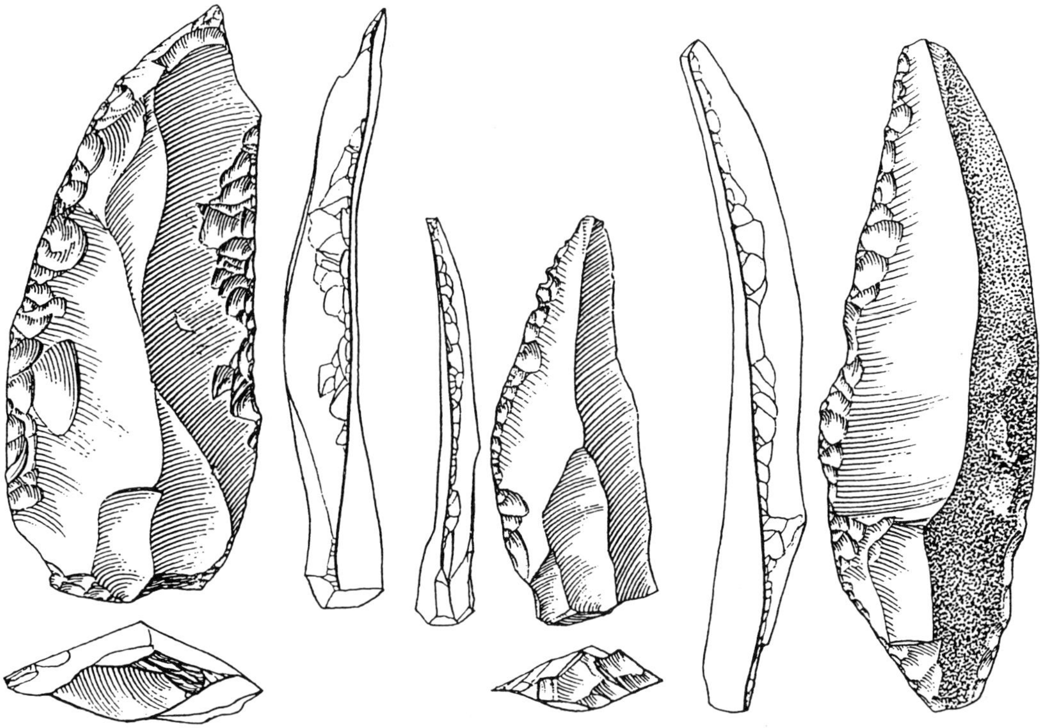

culier, travaillant l'os, etc. Elles permettent d'établir que la séquence archéologique de la grotte Vaufrey, complétant celle de la Micoque, mais parallèle à celle du Pech-de-l'Aze, couvre donc la totalité de la glaciation du Riss (à partir des couches 13 et 12); elle débute par un faciès attribuable à l'Acheuléen, se poursuit par divers Moustériens perdurant jusqu'à la fin du Riss (couche 4) et même au-delà dans le Würm ancien (couches 1 à 3).

• *La variabilité des cultures matérielles*
Ainsi les ensembles industriels font-ils preuve d'une grande variabilité: le «phénomène biface» et son contemporain, le «phénomène éclat», occupent au gré des sites envisagés des positions chronologiques diverses, et en tout cas nullement consécutives. Défini par François Bordes à partir de Combe-Grenal ou du Pech-de-l'Aze, l'Acheuléen du Périgord, en contexte rissien, procédant du monde méridional, se distingue nettement des faciès septentrionaux contemporains par la grande quantité qu'il affiche d'outils sur éclat et la présence ponctuelle de hachereaux et de petits bifaces frustes, généralement atypiques, sans qu'y apparaissent les formes classiques du nord de la France telles que limandes, lancéolés, cordiformes, etc.

Cet Acheuléen périgourdin, dont l'aire reste limitée, à l'originalité soulignée, diffère considérablement des industries rencontrées à Vaufrey, qu'il s'agisse du niveau inférieur assez riche en outillage sur galet ou du Moustérien typique qui leur succède. De fait, cette grande variabilité des industries, marque probable d'une diversité précoce des activités humaines qui n'exclut pas une spécificité régionale, préfigure vraisemblablement le buissonnement du Moustérien würmien que nous permettent d'appréhender les grands gisements du Périgord.

Page de gauche et ci-dessus
Industrie lithique de la grotte Vaufrey (Cénac et Saint-Julien)
Ces objets, chopper (galet aménagé) et racloirs sur éclats de divers types, proviennent de la couche 8 datée des environs de 142 000 ans av. J.-C.

Le buissonnement des Moustériens

Les faciès variés de la «culture moustérienne» sont traditionnellement imputés aux néandertaliens. Le schéma classique admettait encore il y a peu que ces derniers avaient vécu au cours d'une période intermédiaire, dénommée Paléolithique moyen. Celle-ci était caractérisée par le développement d'une industrie lithique majoritairement sur éclat, débitée le plus souvent selon la méthode Levallois qui suppose la prédétermination mentale de la pièce support à obtenir, et non la simple taille «au fil du nucléus», associée à une première utilisation de l'os comme matière première.

Au plan spirituel, les premières sépultures – donc la conscience de l'au-delà – et quelques bribes d'expression symbolique apparaissaient plutôt sur la fin de la période. A l'image de l'homme de Néandertal, les industries moustériennes semblaient acquérir progressivement leurs caractéristiques morphologiques fondamentales et confirmer ainsi leur homogénéité.

L'ensemble s'intégrait au cadre chronologique classique et comblait le vide subsistant après le «Micoquien à bifaces» entre l'interglaciaire Riss-Würm et la première partie du Würm (I et II) avant l'interstade würmien.

Ce schéma, commode, trouvait son éclatante confirmation dans les travaux de François Bordes à Combe-Grenal, un gisement majeur situé à l'est de Domme, auquel il consacra treize campagnes de fouilles entre 1953 et 1965. Il était temps, car ces dernières faisaient suite à un siècle et demi de recherches plus ou moins anarchiques – François de Jouannet explora la cavité en 1816! – qui avaient sérieusement écorné le sommet de la stratigraphie, puissante par ailleurs de 12 mètres de dépôts fortement anthropisés...

• *L'abri de Combe-Grenal*

Combe-Grenal
Plan p. 2

Favorablement exposé plein sud, l'abri, prolongé d'une petite grotte profonde, comporte trois paliers rocheux qui segmentent le remplissage archéologique, soit au total soixante-quatre couches d'occupation réparties en trois ensembles sédimentaires complémentaires. Le plus ancien révèle plusieurs niveaux (couches 56 à 64) d'un Acheuléen supérieur de faciès méridional contemporain du Riss III pour François Bordes. Les ensembles moyen et supérieur totalisent quant à eux 55 couches sur 12 mètres d'épaisseur, toutes attribuables à différents types de Moustérien.

L'extraordinaire richesse en artefacts du gisement fournissait enfin la matière à une caractérisation typologique fiable des différents faciès du Moustérien. La rémanence de bifaces signait un Moustérien de tradition acheuléenne, la généralisation de la méthode Levallois du débitage des supports, éclats, pointes et accessoirement lames définissant des sous-ensembles. Enfin, la présence de denticulés ou celle d'un type de retouche spécifique, écailleuse, individualisée sur le site de la Quina (en Charente), et de couteaux à dos de type Paléolithique supérieur constituaient autant de critères de classification également pertinents.

Par déduction, les datations présumées couvraient la totalité du Würm ancien et s'échelonnaient donc des alentours de 110 000 BC (pour la couche 55) à 45 000 BC pour les niveaux supérieurs (couche 1 à 3) curieusement de «tradition acheuléenne», avec persistance de bifaces, avant de passer sans transition, bel exemple de lacune de sédimentation, à une couche d'habitat médiéval à poteries vernissées!

Dans l'attente d'une publication d'ensemble et tout en restant prudent quant au calage réel de la séquence, cette fabuleuse stratigraphie qu'un préhisto-

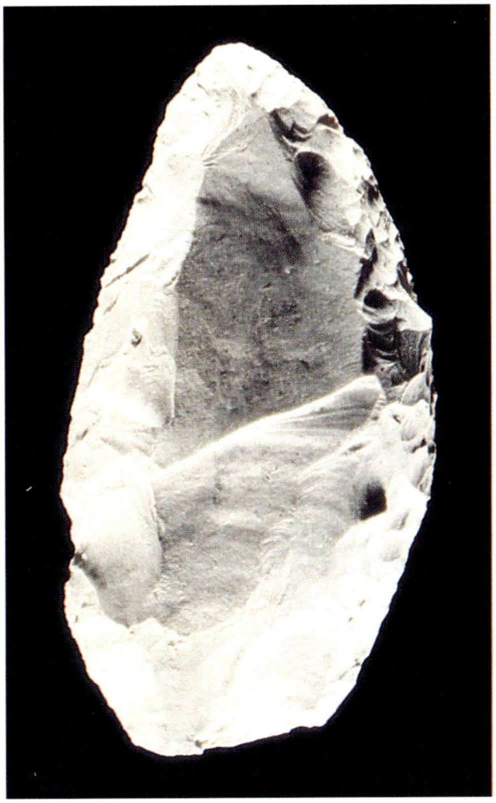

rien amateur n'hésitait pas à qualifier de «congrès de Moustériens» est d'un exceptionnel intérêt. Il y apparaît à l'évidence que les Moustériens, englobés sous un même vocable, y manifestent une très forte variabilité. Par ailleurs, l'interstratification des différents faciès classiques modère notablement les implications chronologiques antérieurement admises, d'après les études anciennes du Moustier par exemple. Logiquement, la diversité des outillages atteste davantage la variété des comportements humains et constitue notamment la marque d'une grande mobilité des hommes au sein de leur territoire de chasse. Si les apports de la tracéologie demeurent encore limités, la présence d'encoches et de denticulés dans des ensembles industriels gros consommateurs de matière première suggère l'occupation de sites plutôt statiques, tandis que la prédominance de racloirs et pointes évoque au contraire des activités plus itinérantes: les pointes par exemple sont de plus en plus interprétées comme des armatures fonctionnelles de projectiles.

Par ailleurs, l'abondance et la bonne conservation des niveaux archéologiques et des vestiges osseux entre autres ont autorisé d'importantes études paléoenvironnementales, pour lesquelles Combe-Grenal fait figure de précurseur. Les données de la paléontologie évoquent d'après la présence d'espèces froides (renne, bouquetin, saïga) des périodes climatiques extrêmement rigoureuses entrecoupées de phases plus clémentes ou apparaissent cerf, chevreuil et sanglier, voire même daim et mégacéros... Ces différentes pulsions ne correspondent qu'imparfaitement aux indications climatiques révélées par la sédimentologie ou la palynologie. La séquence stratigraphique de Combe-Grenal, fortement dilatée en apparence, pourrait s'avérer

Racloir et pointe moustériens

Ces objets très caractéristiques, ménagés sur éclats, dominent souvent les ensembles industriels du Paléolithique moyen.

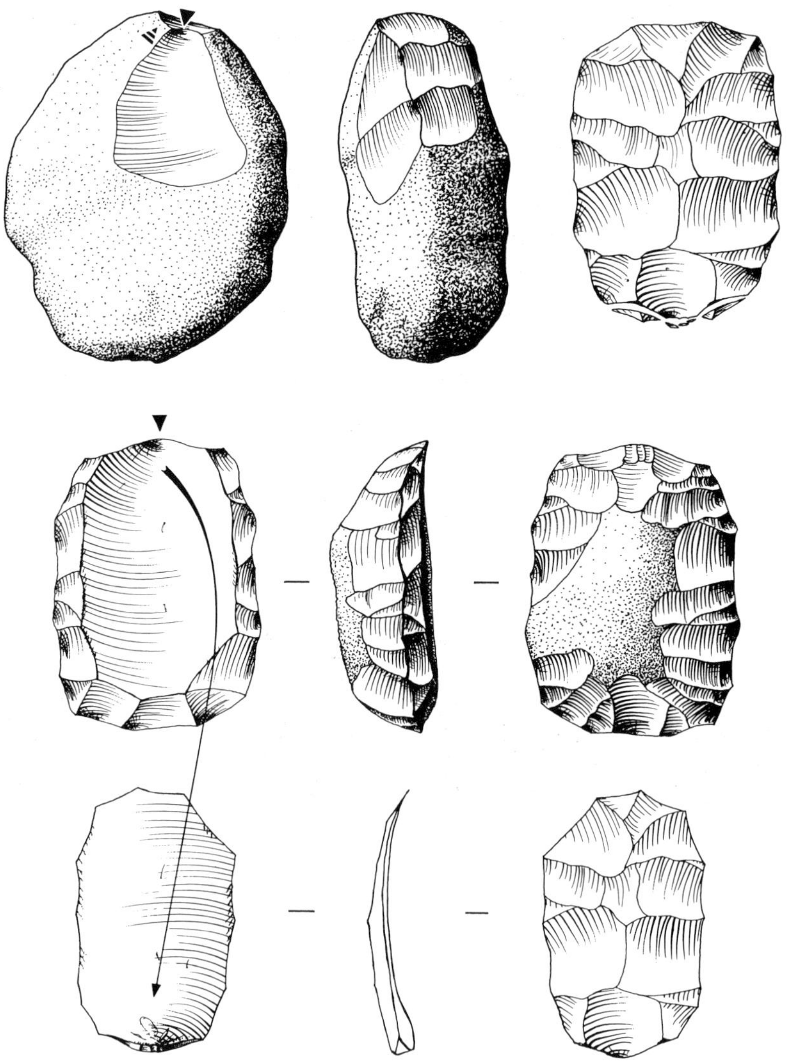

plus longue et plus ancienne... Cela n'en donnerait que plus d'intérêt aux études palethnographiques de l'équipe de François Bordes qui préfiguraient déjà les grandes orientations de la recherche moderne.

Si la structuration des habitats successifs reste mal connue, certaines observations ponctuelles sont d'un exceptionnel intérêt, tel ce trou de poteau, découvert dans une couche de Moustérien à denticulés, dont le moulage conserve l'empreinte d'un piquet à la pointe grossièrement taillée (de 38 mm de diamètre), subsistant en négatif sur plus de 20 centimètres de profondeur... ou de ces quatre fosses, interprétées comme sépultures de jeunes enfants quoique dépourvues de vestiges anthropologiques, par référence au gisement du Moustier...

Combe-Grenal, gisement pionnier pour le paléoenvironnement et la palethnographie, appartient désormais à l'Etat. Un programme d'aménagement est en cours d'étude pour en permettre la visite au public.

La technique de taille Levallois (d'après Jacques Tixier)

Ce schéma figure les principales étapes à franchir pour l'obtention d'un éclat Levallois, objet généralement mince, dont la face supérieure porte les stigmates des enlèvements de la préparation antérieure du nucléus.

Cent millénaires de chronostratigraphie et de paléoenvironnement en Périgord

Les tout derniers travaux de Françoise Delpech, Henri Laville et Marie-Madeleine Paquereau synthétisent les données de la paléontologie, de la sédimentologie et de la palynologie collectées sur les gisements du Pech-de-l'Aze, de Combe-Grenal, de la grotte Vaufrey et pour la fin de la période considérée sur ceux du Roc-de-Marsal, du Moustier et de la Ferrassie.

Roc-de-Marsal, Le Moustier, La Ferrassie Carte p. 8

Celle-ci couvre plus de cent millénaires depuis l'interstade Riss II-III jusqu'à l'interstade würmien (vers 40 000 ans), coupure majeure à bien des points de vue, notamment anthropologiques. Globalement, les interstades sont tous comparables tandis que les différentes poussées glaciaires du Riss semblent à peu près équivalentes à la première glaciation würmienne. L'interstade Riss II-III (stade isotopique 7) se traduit localement par un surcreusement des vallées de l'ordre de 8 à 10 mètres. Les associations animales observées au Pech-de-l'Aze (couche 6) et à Vaufrey (couche 8) paraissent assez semblables au cortège faunique du Riss II, auquel s'associent tout de même des animaux des bois tels que chevreuil et sanglier.

L'épisode froid du Riss III (stade isotopique 6) était anciennement considéré comme particulièrement rigoureux. En fait, il connaît sept oscillations climatiques (dont quatre effectivement froides) au cours desquelles le paysage paraît très déboisé. Les animaux correspondants régressent, le thar disparaît même définitivement, tandis que la steppe profite à des espèces jusque-là inexistantes en Aquitaine telles que bouquetin, rhinocéros laineux et antilope saïga. C'est aussi un moment favorable au renne, absent depuis 300 000 ans.

L'interstade Riss-Würm (stade isotopique 5e) diffère peu des oscillations tempérées précédentes (surcreusement des vallées de 8 à 10 mètres derechef), mais correspond à un événement climatique et morphologique majeur. Les données de la paléontologie sont inexistantes du fait de la destruction des remplissages par les processus d'érosion qui ont suivi cet optimum climatique. Mais celles de la palynologie sont riches d'enseignement. A ce stade, la forêt, très dense, associe les chênes dominants à des tilleuls, ormes etc. dans un sous-bois de lierres et de fougères. Les clairières sont peuplées de graminées tempérées humides, ce qui n'empêche pas de voir se développer sur les coteaux des espèces subméditerranéennes, buis, vigne, etc.

Cette situation idyllique se dégrade peu à peu: charmes, aulnes, saules supplantent les chênes et les conifères (sapins, épicéas, pins sylvestres) gagnent progressivement du terrain.

Le Würm (stade isotopique 5) débute par une crise climatique froide, brutale et se poursuit par diverses oscillations (17 au total) qui ne ramèneront jamais des conditions aussi favorables que durant l'interglaciaire précédent. Cette période d'instabilité se traduit par un refroidissement régulier. Le taux de boisement (pin sylvestre) reste faible (10 % environ). Le renne progresse vers le sud mais la faune reste dominée par un petit cerf. Le pléniglaciaire (stade isotopique 4) est atteint au cours de la neuvième oscillation: une flore de steppe froide se généralise, et la grande faune est dominée par le renne puis le cheval et le bison. Le bouquetin, absent depuis le Riss III, réapparaît. Le grand cerf élaphe remplace le petit cerf au cours d'une amélioration climatique. Ce maximum froid est somme toute assez bref: l'interstade Würm ancien/Würm récent (ancien Würm II-III) survient rapidement; les datations au carbone 14 nous proposent une date aux environs de 43 000 BP.

L'ÉMERGENCE D'UNE NOUVELLE HUMANITÉ

Les derniers néandertaliens du Périgord: le Moustier et la Ferrassie

Avant que ne s'installent, au terme d'un long voyage, les premiers hommes modernes en Périgord, quelques millénaires vont connaître l'expansion des derniers néandertaliens dont les vestiges surprennent ici par leur quantité et leur qualité. Si faune et flore sont mal connues au départ, le nouveau réchauffement bien enregistré dans la séquence de la Ferrassie se traduit par un fort taux de boisement (50 %) d'essences tempérées, charmes, ormes, tilleuls et fougères. La faune du Würm ancien persiste sans changement notable pour paraître même abondante. Les sites majeurs et logiquement éponymes mettent en commun la richesse de leurs vestiges pour nous offrir une dernière image des néandertaliens au moment de leur fugitif apogée.

• *L'abri du Moustier*

Le Moustier
Carte p. 8

Bien qu'administrativement rattaché à la commune de Saint-Léon-sur-Vézère, l'abri inférieur du Moustier, accessible à la visite, s'ouvre à quelques dizaines de mètres de l'église du village dans un massif calcaire rythmé de terrasses et gradins... Cette situation privilégiée, à proximité du confluent de la Vézère et du Vimont, avait été dès l'origine appréciée par les hommes préhistoriques qui occupaient également à la même période l'abri supérieur, dit «classique». Ce dernier devint éponyme en 1869 sur proposition de Gabriel de Mortillet qui qualifia pour la première fois de «moustériennes» les industries associant petits bifaces, racloirs et pointes extraits à l'occasion des premières fouilles...

Bourlon et Peyrony publièrent leurs travaux en 1905 mais c'est, contre toute attente, Otto Hauser qui donna à l'abri inférieur ses lettres de noblesse en y découvrant en 1907 un squelette néandertalien qui connut bien des avatars. Partiellement dégagé le 7 mars 1907, le squelette fut recouvert et remis au jour plusieurs fois en attendant la réunion officielle, sur place, d'une commission d'experts archéologues exclusivement germaniques au mois d'août suivant.

Le procès-verbal de la découverte, pré-rédigé par le professeur Klaatsch, fut signé au cours d'un repas très arrosé qui eut lieu... la veille de l'exhumation définitive! Déjà largement dégradé par ses dégagements successifs, le squelette dont bon nombre de parties «tombaient en poussière» fut exporté vers l'Allemagne, pour disparaître presque entièrement sous les bombardements de la capitale nazie. Seul le crâne aurait échappé au désastre, «mis en lieu sûr» par les troupes soviétiques avant l'incendie du musée de Berlin...

La stratigraphie de l'abri inférieur, puissante de près de 5 mètres, comporte deux grands ensembles sédimentaires. Trois faciès de Moustérien sont représen-

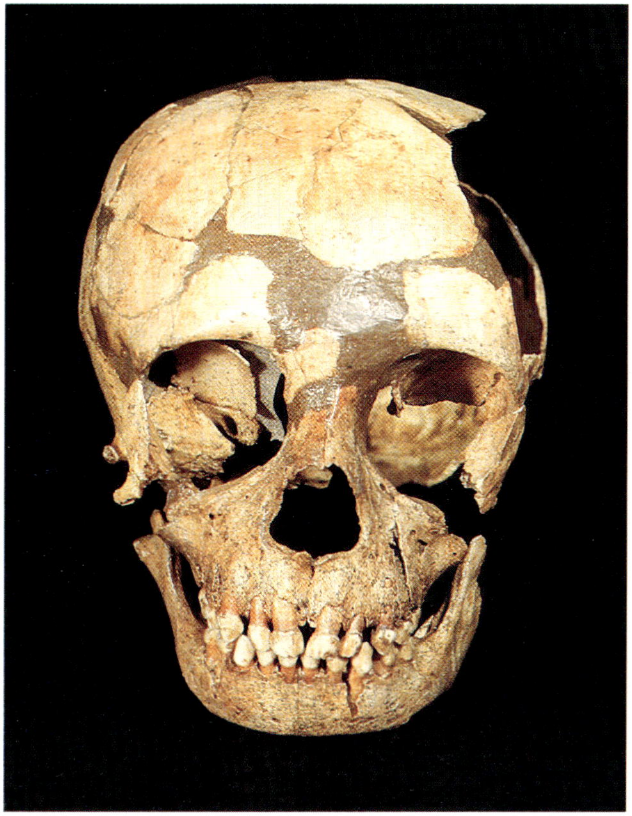

tés, à l'exclusion du «charentien» de type Quina ou Ferrassie.

L'ensemble inférieur (couche A à F) constitue un dépôt limoneux homogène, d'origine fluviatile pauvre en industrie humaine. Les couches supérieures (G à L) en revanche, d'origine cryoclastique (petit cailloutis calcaire provenant de l'érosion de la voûte de l'abri sous l'action du gel), sont particulièrement riches en vestiges archéologiques: la couche H en contient 95 % de la totalité du dépôt. Au-dessus de 3 mètres de couches moustériennes (faciès de tradition acheuléenne, typique, et à denticulés interstratifiés), le niveau K résulte probablement d'un mélange de Moustérien (à denticulés) contaminé par le Castelperronien sus-jacent. Surmontant la séquence, le niveau L semble attribuable à l'homme moderne d'après l'outillage lithique.

Réétudiant les collections anciennes, et effectuant lui-même quelques vérifications en 1956, François Bordes avait remarquablement caractérisé ces différents faciès culturels, symptomatiques des «buissonnements moustériens», intervenant dans un environnement froid compte tenu de la faible quantité de pollens d'arbres (10 %) découverts dans les prélèvements.

Par déduction, il attribuait à la stratigraphie du Moustier une compétence chronologique longue, couvrant la totalité du Würm ancien, soit plusieurs dizaines de millénaires.

En fait, vient d'être obtenue une série de datations par thermoluminescence sur 34 silex soumis à l'action du feu et issus des couches K, J, I, H et G. Les résultats s'échelonnent entre 56 000 et 40 000 BP environ.

L'enfant du Roc-de-Marsal (Campagne)

Ce fossile néandertalien découvert en 1968 est l'un des rares squelettes archéologiquement complets à avoir été retrouvés. Aucun dispositif funéraire n'accompagnait l'inhumation.

• *Le grand abri de la Ferrassie*

Le gisement du Moustier s'articule parfaitement avec l'un de ses proches voisins non moins célèbre, le grand abri de la Ferrassie, légèrement à l'écart des circuits habituels de la vallée de la Vézère. Il a donné son nom à un faciès spécifique du Moustérien récent, le charentien de type Ferrassie, où l'industrie lithique riche en racloirs est largement aménagée sur éclats de type Levallois. A la fin du XIXe, on ne connaissait de ce magnifique gisement qu'un petit abri moustérien et une grotte modeste ayant probablement recelé plusieurs niveaux d'Aurignacien et de Périgordien supérieur.

La Ferrassie
Carte p. 8

Le grand abri, actuellement ouvert à la visite, fut découvert postérieurement, en 1896, à l'occasion des travaux routiers de l'actuel C.D. 32. Peyrony prit alors l'affaire en main et, épaulé par le docteur Capitan (à qui l'on doit l'achat du gisement puis le legs à l'Etat de 1923) y mena diverses campagnes de fouilles à partir de 1902, pendant plusieurs décennies. La publication des travaux (en 1921 et 1934) conduits de façon très rigoureuse pour l'époque, fait encore référence, d'autant plus que les résultats furent récemment confirmés par les recherches d'Henri Delporte entre 1968 et 1973. Les diverses précisions apportées, mais qui s'inscrivent dans le cadre chronologique établi par Peyrony, globalement fiable, ajoutent encore à l'intérêt des découvertes dans le domaine artistique et anthropologique.

De la fin du Moustérien date un exceptionnel ensemble de huit squelettes néandertaliens. Il est bien sûr difficile d'envisager l'inhumation collective d'une même famille, mais la corrélation stratigraphique entre les différents squelettes fournit une extraordinaire image d'un groupe humain, parvenu au terme de sa spécialisation, antérieurement à 37 000 BC. Cet échantillon anthropologique, unique en Europe, atteste en effet d'individus accusant un dimorphisme sexuel équivalent à l'actuel. Doté d'une robuste carrure qui n'exclut pas un thorax allongé, de membres plus courts, l'homme de Néandertal affiche une allure générale

L'abri du Moustier (Saint-Léon-sur-Vézère)

Le premier des gisements éponymes a fait l'objet d'une récente campagne de datation qui nuance considérablement le système chronologique classique.

La stratigraphie de la Ferrassie (Mauzens et Miremont)

Le gisement de la Ferrassie fossilise une période cruciale de l'humanité: la fin de l'homme de Néandertal et l'avènement de l'homme moderne et des premières manifestations artistiques.

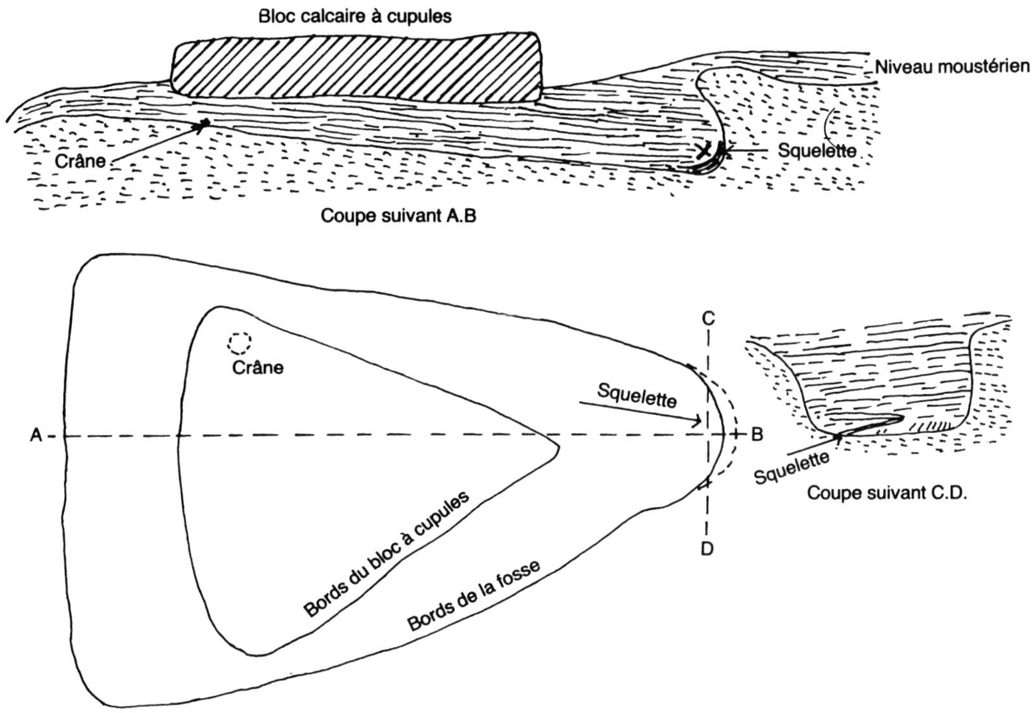

redressée et son aptitude à la marche est en tous points comparable à celle de nos contemporains. Son visage n'a rien de simiesque, même si le prognathisme modéré et la dentition puissante sont soulignés par un fort développement du torus et un relatif aplatissement de la voûte crânienne, faisant ressortir un visage élevé. La capacité endocranienne est importante, plus de 1500 cm^3, et notamment à la Ferrassie où un individu atteint 1690 cm^3. Celle-ci n'implique nullement un développement particulier des capacités intellectuelles, sans pour autant les exclure...

Une récente découverte à Kébara (Israël), dans une sépulture vieille de 60 000 ans environ, fournit aux nombreux partisans de l'aptitude des néandertaliens à un langage articulé un argument de poids: en effet, un os hyoïde, généralement trop fragile pour résister au temps, y est bien conservé et relance les débats sur les candidats au langage, sans préjuger de leur aptitude neurologique. Ce fossile fondamental semble avoir occupé la même position que chez l'homme moderne. De fait, cet indice d'humanité ne fait que corroborer l'impression d'un

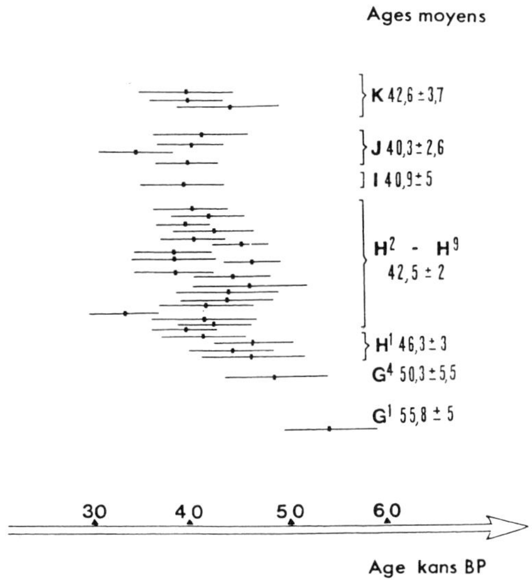

En haut

La sépulture de l'enfant moustérien de la Ferrassie (plan et coupe)

Découverte en 1921, cette inhumation a fait l'objet d'un traitement funéraire particulièrement soigné.

Ci-dessus

Tableau récapitulatif des datations par thermoluminescence obtenues au Moustier

Les résultats par couche sont donnés en milliers d'années avant 1950 (K/ans BP).

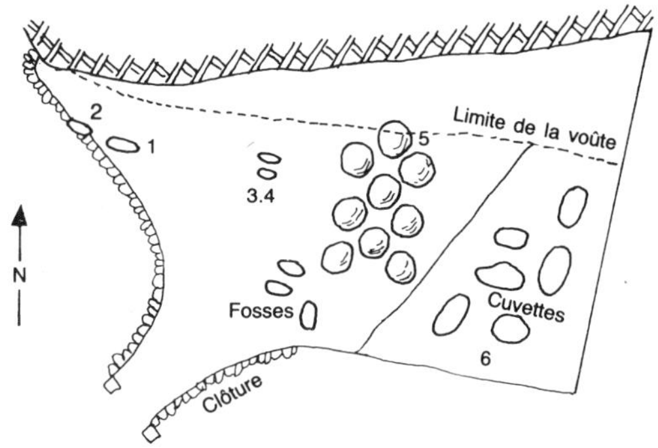

niveau culturel déjà élevé, progressivement atteint par les populations du Paléolithique moyen, déjà discernable d'après l'évolution de leur outillage, leur stratégie de chasse et de cueillette, le choix de leurs habitats, et surtout les manifestations de pratiques funéraires incontestables comme en recèle le grand abri de la Ferrassie.

Les «inhumés» de la Ferrassie, apparemment déposés dans des fosses intentionnellement creusées, consistaient en trois fœtus ou nouveau-nés suivis de deux enfants de 2 et 3 ans et d'un jeune adolescent d'une dizaine d'années. Les adultes étaient représentés par une femme de 25/35 ans et un «vieillard» de 40/45 ans. L'une des fosses, celle d'un enfant, était partiellement recouverte d'une dalle calcaire subtriangulaire (0,80 x 0,15 cm d'épaisseur) dont la face inférieure, régularisée, avait été creusée d'une série de cupules. Un tel dispositif complétant la mise en fosse est d'une importance capitale: c'est la preuve d'une certaine forme de spiritualité, voire déjà d'une perception de l'au-delà. Il témoigne de l'évolution des rites, des soins désormais apportés au défunt, dépassant la simple inhumation. Celle de Roc-de-Marsal (commune de Campagne) par exemple, datée des environs de 70 000 ans, exceptionnelle par son ancienneté et l'état de conservation de cet enfant de 3 ans dont le crâne est archéologiquement intact, face épargnée, se limitait au dépôt du corps dans une fosse hypothétique.

Plan de localisation des sépultures néandertaliennes de la Ferrassie (Mauzens et Miremont)

Avec huit sépultures globalement contemporaines, la Ferrassie fournit une extraordinaire image anthropologique des derniers néandertaliens du Périgord.

En outre, l'étude paléopathologique du vieillard (la Ferrassie I) a prouvé que ce dernier souffrait d'une arthropathie chronique déformant l'articulation sacroiliaque et d'autres séquelles d'origine probablement traumatique. La femme adulte était également atteinte d'une ostéomyélite de l'enfance dont découlait une sévère atteinte des membres inférieurs. L'un comme l'autre, dont la mobilité était probablement réduite, étaient sans doute incapables de subvenir à leurs besoins. Il fallait en conséquence qu'un groupe social, humain, en assumât la charge.

Avec l'homme de Néandertal, nous sommes donc bien loin d'un être mi-homme mi-singe dépourvu de toute humanité...

Territoires préhistoriques et modes de vie

Si l'on a pu démontrer, dans le Paléolithique ancien d'Afrique orientale, des déplacements à longue distance (100 kilomètres) pour l'acquisition de roches dures adaptées à la fabrication de bifaces «acheuléens», en France, le comportement de l'homme préhistorique relève pour cette période de stratégies essentiellement opportunistes. L'homme s'implante directement sur les gîtes à silex, fabrique sur place ses outils et y abandonne ses déchets. Les produits finis (bifaces) ne s'éloignent jamais beaucoup de ces ateliers de taille...

Dès le Riss transparaît au sein des premiers ensembles lithiques moustériens, vers 220 000-230 000 BP, un choix

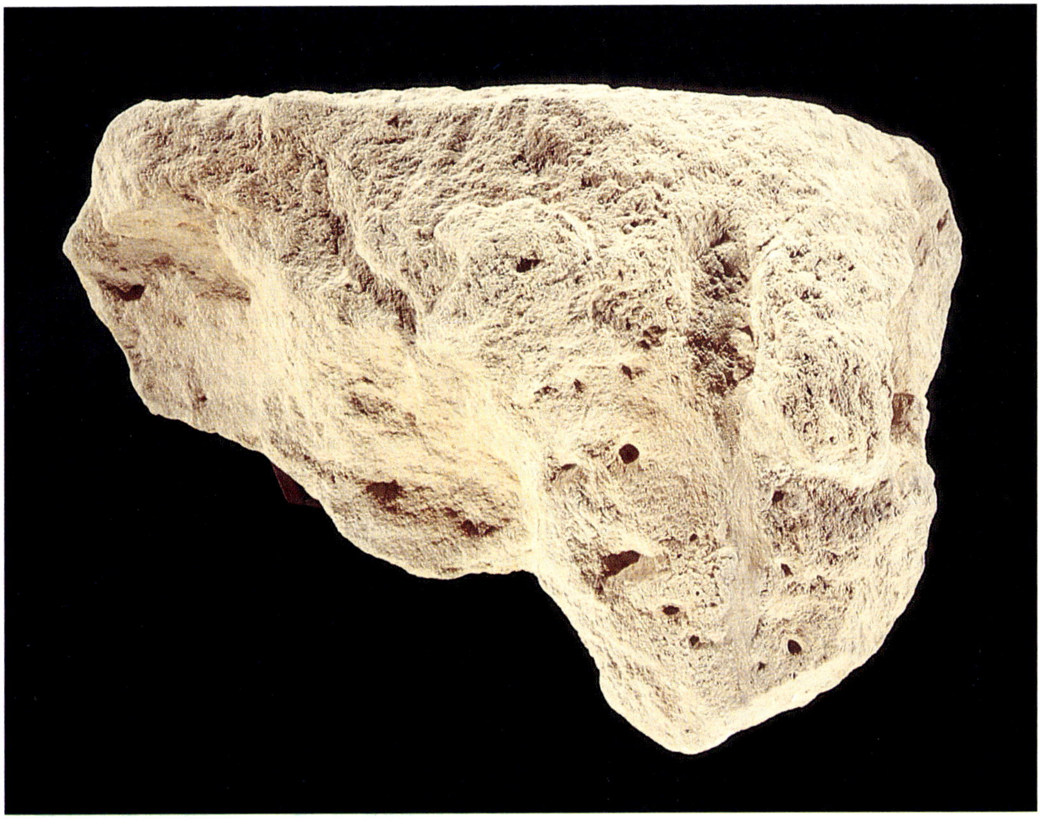

de matières premières de bonne qualité qui demeurent cependant très minoritaires par rapport à l'approvisionnement local. Si certains outils finis ont pu être transportés sur de grandes distances, leur nombre, limité (environ 10 %), augmente progressivement (jusqu'à 20 % du total), dénotant la recherche d'un équilibre entre l'énergie investie dans le transport et le degré de transformation de la matière brute.

La chaîne opératoire du débitage Levallois, de la sélection des matériaux à leur consommation sous forme d'outils, en passant par leur préparation (mise en forme) et leur débitage (fabrication des supports bruts), comporte quatre phases distinctes dont le résultat est en poids inversement proportionnel à la distance parcourue: un bloc brut s'éloigne peu de son lieu d'extraction à l'inverse d'un outil achevé.

Avec son cadre chronoculturel bien défini, ses études paléoenvironnementales de qualité, le nord de l'Aquitaine constitue un terrain d'application privilégié pour l'appréhension de l'organisation du territoire à l'époque moustérienne. La présence paléolithique y est forte de grandes séquences interstratifiées, mais également de nombreux sites de plein air. Selon Jean-Michel Geneste, il ressort de l'étude de nombreux gisements que la mobilité est l'une des caractéristiques fondamentales des groupes moustériens.

A la grotte Vaufrey, l'étude de l'origine du silex permet ainsi de subdiviser une aire de déplacement en trois auréoles théoriques: une première zone (de 0 à 5 kilomètres de rayon, soit une heure de marche) proche du site fait l'objet d'une fréquentation maximale et organisée. La matière lithique y est faiblement consommée, c'est-à-dire que la proportion

La pierre à cupules de la Ferrassie (Mauzens et Miremont)

Cette dalle calcaire creusée de nombreuses cupules avait été intentionnellement placée sur la sépulture d'un enfant moustérien.

d'outils finis par rapport à la masse volumique est minime (de 1 à 5 %), le rendement faible, le gaspillage effectif. Au contraire, une aire de grand rayon (de 30 à 100 kilomètres, soit plus d'une journée de marche) témoigne d'une fréquentation très occasionnelle: les objets qui proviennent de ces marges parviennent au campement au stade final de la chaîne opératoire et leur taux de consommation atteint 75 à 100 %. Entre les deux existe bien sûr une zone (de 5 à 30 kilomètres) correspondant à un niveau d'exploitation intermédiaire.

On observe d'ailleurs l'évolution de ces données au fil du temps: la proportion des matériaux allochtones tend à augmenter, l'approvisionnement à se diversifier. Avant le Riss final, tout provient du proche environnement; au-delà, le choix des matériaux du support semble impliquer certaines sources de ravitaillement plus lointaines, et la compensation de la rareté du produit par une augmentation de son utilisation. L'homme fait ici preuve d'une réelle capacité de conceptualisation allant bien au-delà de la prédétermination de la technique Levallois, cette technologie supposant une certaine mobilité par opposition aux faciès à denticulés, plus sédentaires. L'économie de la matière première s'ajoute à la spécialisation des activités pour rendre compte, en dehors de toute valeur chronologique, de la variabilité des ensembles industriels moustériens. Les chercheurs travaillant dans les régions voisines, notamment Alain Turq pour la vallée du Lot, aboutissent à des conclusions équivalentes.

La constitution de stocks de rognons de silex bruts, mise en lumière à Vaufrey (8 % du matériel de la couche 7), à Fonseigner et le choix de gîtes en fonction de la qualité du silex, peut-être des saisons (il est impossible de récupérer des rognons quand le sol est gelé), est significative du «haut degré d'humanité» dont font preuve les néandertaliens, en cherchant à économiser leur énergie... Plus étendu qu'aux périodes anciennes, leur territoire reste limité: jamais les moustériens du Périgord ne sont allés ramasser des coquillages au bord de la mer comme le feront couramment les *sapiens sapiens*.

Ils ne se sont pourtant pas privés de rapporter en leur demeure divers objets qui les avaient intéressés. En Périgord, leur périple s'oriente tous azimuts, vers le nord, le sud, l'est ou l'ouest. On conçoit volontiers que descendre ou remonter les vallées était relativement aisé... Mais des déplacements transversaux montrent en outre que les néandertaliens ne se sont pas laissé intimider par des obstacles topographiques et qu'ils parcouraient un large territoire.

Les techniques de subsistance

Les néandertaliens ont su exploiter au mieux un milieu avec lequel ils entretenaient à l'évidence des relations de dépendance. De la collecte du bois d'œuvre ou de chauffe, nous n'avons que des preuves indirectes, trous de poteaux, charbons de bois ou armatures lithiques. Il en va de même pour les traces d'une alimentation à composante végétale qui ne peut être repérée que par l'étude des microtraces sur les tables d'usure dentaire.

Côté alimentation carnée, les vestiges archéologiques sont beaucoup plus loquaces.

Pour demeurer très occasionnelles, sinon fortuites, les traces de pêche de la grotte Vaufrey sont déterminantes. D'après l'étude d'Olivier Le Gall, des vertèbres appartenant à plusieurs saumons ont été retrouvées, plus particulièrement dans la couche 9. Une soixantaine de vestiges pour lesquels on subodore, compte tenu de leur dimension et de leur fragilité, un taux de perte extrêmement élevé, attestent donc un réel intérêt pour le monde aquatique dès 200 000 ans avant notre ère.

La consommation de viande, en revanche, a laissé de nombreuses preuves indubitables tant dans la composition chimique des ossements humains analysés (teneur en carbone 12 et 13) que dans les restes animaux presque toujours associés aux vestiges industriels. Les progrès de la recherche confirment l'hypothèse d'une alimentation très fortement carnée pour l'acquisition de laquelle ils suggèrent, désormais, deux modes de ravitaillement complémentaires:

- une chasse qui a suscité le développement d'un arsenal incluant de réelles armatures emmanchées éventuellement lancées manuellement, auxquelles il faut peut-être ajouter des sphéroïdes de pierre (la Ferrassie, le Pech-de-l'Aze) qui pourraient avoir été utilisés comme les *bolas* d'Amérique latine;
- des méthodes plus indirectes (pièges, fosses, assommoirs), dont on avait bien du mal à trouver la confirmation sur le terrain, et qui viennent d'être attestées par la recherche. La récupération de carcasses animales plus ou moins fraîches, la fréquentation assidue des pièges naturels que sont les avens où ont chuté des centaines d'animaux, peut-être poussés par des rabatteurs, ne font désormais aucun doute. A l'aven de la Borde (Livernon, Lot), des silex parsèment en fins litages très localisés le magma paléontologique où prédominent les ossements d'aurochs... à tel point que les auteurs de la monographie récemment publiée n'hésitent pas à parler de «chasseurs d'aurochs»...

Le Castelperronien, séquence transitionnelle et débat d'actualité

L'extinction de l'homme de Néandertal et l'apparition de l'homme moderne en Périgord demeurent parmi les interrogations essentielles auxquelles la recherche archéologique contemporaine essaie d'apporter des réponses, dans le cadre d'une problématique dépassant désormais le cadre chronologique.

Selon Bernard Vandermeersch, les néandertaliens *stricto sensu* constituent dans leur phase finale (100 000-35 000 ans) le terme d'une longue lignée initialisée par les prénéandertaliens; leur origine serait strictement européenne dans une zone où il n'existe d'ailleurs aucun pré-*sapiens sapiens* (du moins qui leur soit contemporain) et la séparation des deux lignées a dû intervenir en d'autres lieux, avant même la fin du processus de néandertalisation.

L'*Homo sapiens sapiens* évolue d'abord parallèlement à l'*Homo sapiens neandertalensis*. Il est bien connu en Afrique, en Chine etc. dès 100 000-60 000 BP et son arrivée récente en Europe occidentale, où il va supplanter son prédécesseur/contemporain, ne constitue que l'une des étapes de son extension vers l'ouest.

La contemporanéité des deux lignées est probable en Europe de l'Ouest et se traduit dans certains gisements par une interstratification des industries lithiques. Les néandertaliens semblent d'ailleurs avoir acquis la technologie moderne laminaire en transformant leurs propres modes opératoires: la traduction archéologique de cette tendance pourrait être matérialisée par les industries «castelperroniennes», du reste plutôt rares dans la région. La disparition des néandertaliens, qui n'a pas dû survenir postérieurement à la phase de Châtelperron, vers 35 000-30 000 ans, semble s'opérer sous la pression de nouveaux arrivants, sans que rien n'indique affrontement violent. Pour des raisons inconnues, leur population a peut-être régressé au-delà d'un seuil fatal, le *pool* génétique nécessaire à la pérennité de l'espèce étant estimé à 800-850 individus minimum. Au contraire, l'homme moderne aurait fait preuve d'un plus fort dynamisme biologique, sans que la cohabitation des deux genres laisse apparaître de transfert de flux génétique. Il va prendre, en douceur, possession de sa terre d'élection.

La grotte éponyme de Châtelperron se trouvant en Allier, le Périgord ne peut revendiquer la paternité du «Castelperronien». Néanmoins, les sites attribuables à cette période sont relativement fréquents dans le Sud-Ouest, contrairement au reste de l'hexagone, en dehors des sites clairsemés du Massif central et de la Bourgogne.

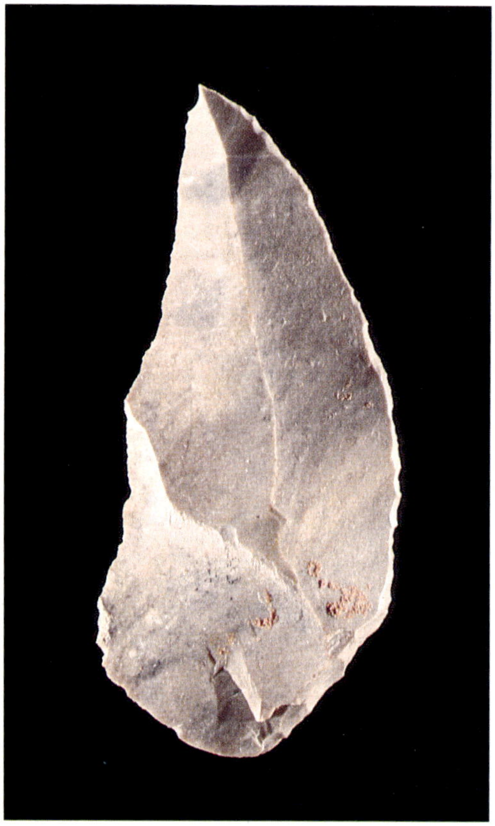

Pointe de Châtelperron (Allier)

Cette pointe en silex à dos abattu par retouches abruptes est le fossile directeur classique de l'industrie castelperronienne.

Plusieurs sites offrent la superposition stratigraphique indispensable à l'étude, tels la Ferrassie, le Roc-de-Combe et le Moustier. Sur ce dernier, la couche K, malheureusement perturbée, paraît légèrement postérieure à l'interstade würmien qui pourrait bien être l'équivalent de la phase d'Hengelo, datée en Europe septentrionale vers 37 500 BP.

Roc-de-Combe
Plan p. 2

Pendant des décennies, le Castelperronien, également appelé Périgordien inférieur par Peyrony du fait de la présence de pointes de silex à dos courbe, fut considéré comme la première industrie appartenant réellement au Paléolithique supérieur et relevant de l'homme moderne à cause du caractère laminaire de ses outillages (pointes de Châtelperron). Jusqu'à ce que la découverte à Saint-Césaire (Charente) par François Lévêque d'un néandertalien réellement associé à cette industrie ne vienne bouleverser la chronologie établie; il vient du reste d'être daté de 36 300 BP.

Le cadre paléoenvironnemental sort indemne de l'aventure: l'apparition sous nos latitudes du Castelperronien correspond bien à la phase interstadiaire Würm ancien/récent durant laquelle la région connaissait un couvert arboréen tempéré frais avec pins, chênes, ormes et noisetiers. Progressivement, une péjoration climatique ramène un froid relativement sec qui convient aux rennes, dominants, mais également aux chevaux, bovinés et rhinocéros. Les derniers néandertaliens connaissent enfin un climat froid et sec, bien que subsistent le long des rivières quelques aulnes et noisetiers, après avoir bénéficié d'une amélioration temporaire telle que celle enregistrée à la Ferrassie, où bovidés, chevaux et surtout cerfs ont provisoirement remplacé le renne.

La stratigraphie, qui commence par un ensemble de niveaux moustériens datés par thermoluminescence des environs de 40 000 BP, a permis la définition d'une

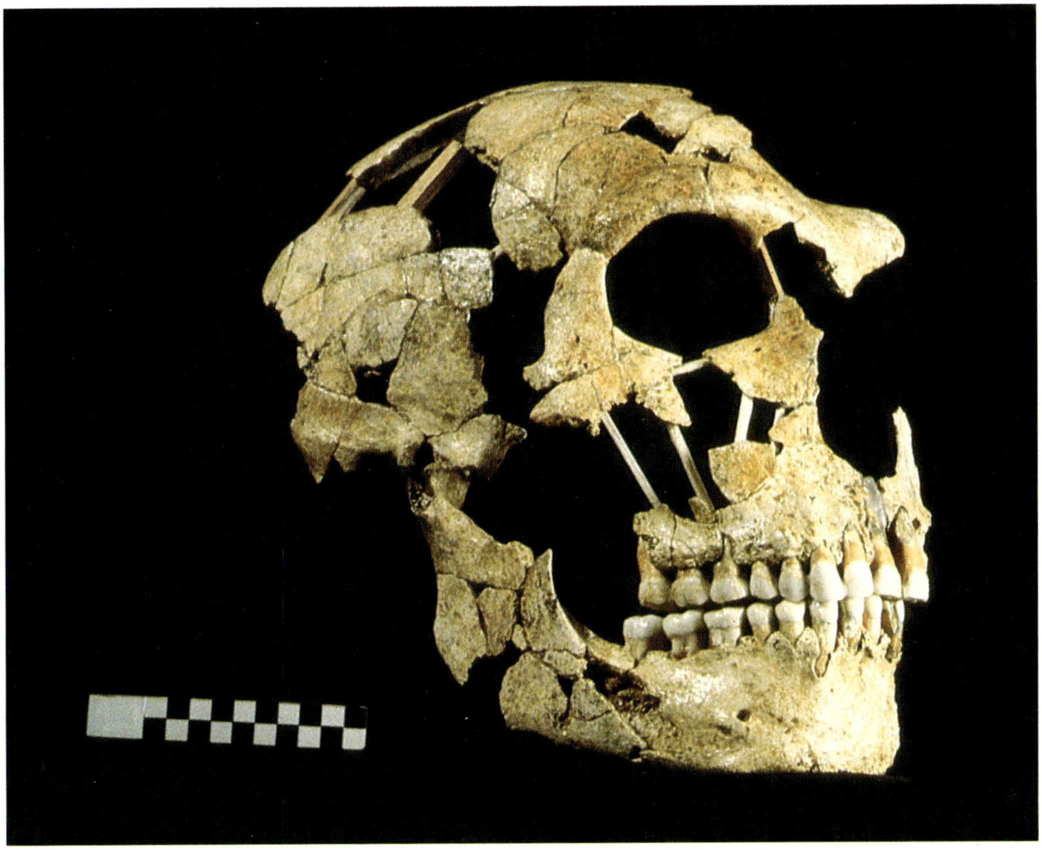

évolution typologique du Castelperronien couvrant probablement plusieurs millénaires. Quatre phases culturelles y sont définies:

- un Castelperronien archaïque ou Protocastelperronien possède encore les caractéristiques du Paléolithique moyen: racloirs, denticulés et petits bifaces foliacés y abondent, mais il faut remarquer également quelques burins, grattoirs, éventuellement sur lames;
- au-dessus, le Castelperronien ancien le plus typique voit le fort développement des pointes à dos courbe, fossile directeur de la période;
- le Castelperronien évolué tend à se rapprocher du Paléolithique supérieur en diversifiant son outillage au détriment des pointes de Castelperron;
- le Castelperronien sommital, de médiocre facture (retour de pièces unifaces), semble manifester une sorte de régression culturelle. Il est coiffé d'un ensemble aurignacien dont le niveau le plus archaïque aurait environ 32 000 ans.

Une fois de plus, le Périgord constitue avec ses marges l'une des zones clé concernant l'extinction des derniers néandertaliens: l'interstratification de l'Aurignacien et du Castelperronien sur divers gisements tels le Roc-de-Combe, le Piage (Lot), constitue un premier argument pour attester la coexistence effective des deux populations. Par ailleurs, l'étude du mobilier archéologique autorise même l'hypothèse de réels contacts culturels: à fréquenter les aurignaciens, les derniers néandertaliens auraient adopté leur technologie lithique, développant le débitage laminaire paral-

Crâne néandertalien de la Roche-à-Pierrot (Saint-Césaire, Charente)

Fouillé par F. Lévêque, cet abri sous roche a livré un squelette néandertalien associé à un horizon industriel castelperronien, qui a modifié notablement les hypothèses sur la transition entre Paléolithique moyen et supérieur.

lèlement aux techniques classiques du Moustérien de tradition acheuléenne dont François Bordes pressentait l'évolution sur place en Périgord. Par ailleurs, cette «acculturation», au sens positif du terme, expliquerait volontiers l'apparition de quelques véritables témoignages d'industrie osseuse, de parure (dents perforées), voire même d'art mobilier comme la plaquette de grès gravée de signes géométriques de Cosnac, près de Brive, ou l'élément osseux gravé d'incisions de la Ferrassie, associé à l'une des sépultures.

Dans la vallée de la Couze, l'homme de Combe-Capelle – individu présentant des caractères archaïques bien que d'aspect relativement gracile – associait dans sa sépulture présumée un petit biface et une parure en dents perforées. On considérera cependant cette donnée avec circonspection, car émanant des fouilles de Otto Hauser au début du siècle.

Combe-Capelle
Plan p. 2

Néanmoins, divers indices suggèrent une cohabitation moins idyllique. L'approvisionnement en silex des habitants du Roc-de-Combe montre clairement deux territoires différents: si certains matériaux siliceux du bassin de Brive sont attestés dans toute la séquence, les aurignaciens ont visiblement utilisé le silex du Bergeracois, tandis que les néandertaliens se ravitaillaient dans le Quercy.

Il est possible que les derniers castelperroniens aient même abandonner le Périgord qui les avait un moment accueillis pour aller passer leurs derniers jours dans une région plus austère, les bordures montagneuses du Massif central, les collines du Morvan ou de l'Ardèche, derniers refuges avant leur extinction aux alentours de 29 000 BC...

Stratigraphie de la Roche-à-Pierrot (Saint-Césaire, Charente)

Outre la découverte mentionnée précédemment, l'intérêt du gisement demeure dans la superposition de plusieurs couches de Castelperronien, dont il est désormais possible de percevoir l'évolution typochronologique en contexte environnemental.

UNE PROVINCE HOMOGÈNE

L'expansion de l'homme moderne: l'Aurignacien

Les premiers vestiges archéologiques imputables à l'homme moderne coiffent généralement en stratigraphie les dernières couches du Moustérien récent ou du Castelperronien sur les sites classiques. Au Moustier, à la Ferrassie, au Roc-de-Combe, au cœur même des Eyzies dans l'abri Vignaud, ils signent en quelque sorte la dernière occupation du site. Dans d'autres cas (vallons de Castelmerle, de Gorge-d'Enfer, abri Pataud), l'Aurignacien apparaît au contraire à la base du remplissage, renforçant le caractère intrusif de cette culture qui se diffuse en Périgord il y a plus de 30 000 ans. Au-delà des considérations anthropologiques, cette culture matérielle traduit une réelle mutation à travers trois caractéristiques: généralisation de l'outillage lithique laminaire et même lamellaire, développement sans précédent de l'industrie osseuse avec fonctions spécialisées et enfin, apparition en abondance des premières traces archéologiques incontestables de parure et d'expression artistique.

Vignaud
Carte p. 9, 17
Pataud
Carte p. 9, 16

Le débat complexe auquel participe l'Aurignacien explique sans doute pour partie l'évolution de la définition du contenu de cette culture caractérisée à l'origine d'après les fouilles d'Edouard Lartet à Aurignac en 1860.

Son positionnement chronologique, entre Moustérien et Solutréen, n'est acquis grâce à l'abbé Breuil, Rutot et Cartailhac que 46 ans plus tard, au terme de ce que l'on a appelé la «bataille aurignacienne». Encore le terme recouvre-t-il une réalité très large, englobant à l'époque les Périgordiens inférieur (= Castelperronien) et supérieur. Peyrony précisera en 1933 les limites de l'évolution de l'Aurignacien vrai, découpé en cinq phases d'après ses fouilles à la Ferrassie et Laugerie-Haute. Dans ses grandes lignes, cette conception tient toujours, mais l'avènement des méthodes de datation absolue, le développement des fouilles à l'échelle européenne et la découverte d'Aurignacien très à l'est du Rhin fournissent des informations d'une incomparable qualité sur l'apparition de «la race de Cro-Magnon» dont nous constituons les plus récents rejetons.

On sait désormais que les premiers aurignaciens français sont les lointains cousins de *sapiens sapiens* archaïques apparus au Proche-Orient vers 100 000 ans. La «vague aurignacienne», qui n'a rien d'une déferlante, diffuse vers l'ouest et colonise l'Europe d'un bout à l'autre entre le 42e et le 48e parallèles à la faveur de l'interstade würmien. Elle profite du désenclavement qui succède au pléniglaciaire durant lequel les peuplements moustériens, restreints à des isolats géographiques, avaient évolué parallèlement. Logiquement, les datations enregistrées dans les habitats d'Europe de l'Est sont plus anciennes que celles obtenues sur les gisements de l'hexagone.

Les tout premiers aurignaciens, porteurs d'une industrie lithique et osseuse dite de l'Aurignacien 0, arrivent probablement en France par le sud-est dans les derniers moments du réchauffement interstadiaire. Mais globalement, la colonisation aurignacienne coïncide vers 33 000 BC avec une phase froide, le début du Würm III, et se développe sur un nouvel interstade (Arcy, vers 29 000 BC), pour connaître un autre épisode plus rigoureux et s'achever enfin avec l'interstade de Kesselt vers 25-26 000 BC.

L'évolution chronostratigraphique proposée par Denis Peyrony d'après la stratigraphie de la Ferrassie (couches F, H, H', H") et Laugerie-Haute (couche D) n'est plus seulement fondée sur le matériel lithique, mais principalement sur l'industrie osseuse. Les outils en silex affirment cependant une réelle originalité à travers certains types, lames étranglées, grattoirs carénés, burins busqués, lamelles Dufour (outre un matériel laminaire souvent épais et porteur de la «retouche aurignacienne», de grande envergure) qui demeurent des fossiles directeurs relativement fiables pour la période (mais non pour ses différents stades).

En effet, dans le domaine périgourdin, seule la retouche «aurignacienne» conserve une certaine pertinence pour caractériser le début de la période. Les archaïques fossiles directeurs sont en fait disséminés dans plusieurs horizons de gisements. Bien plus, les lamelles Dufour, produits du débitage des grattoirs «carénés», apparaissent désormais d'après l'étude tracéologique comme des probables pointes de trait composites et constituent une réponse alternative à l'industrie osseuse (sagaies en bois de renne) qui est loin d'exister dans tous les sites... Par ailleurs, la proportion de grattoirs est généralement supérieure à celle des burins, et les chaînes opératoires distinctes sont expressément orientées vers la production d'éclats, de lames ou de lamelles.

A un découpage traditionnel en cinq stades (Aurignacien I à V), on préfère aujourd'hui une classification en trois phases, à la suite de l'Aurignacien 0 (ou Proto-Aurignacien).

La période ancienne, la plus typique, est caractérisée par des sagaies en bois de renne dites à base fendue. L'Aurignacien moyen (autrefois Aurignacien II) dont le matériel lithique est plus courant, comporte des sagaies losangiques aplaties. En plein village, accroché à la falaise des Eyzies, l'abri Pataud fouillé par Movius entre 1953 et 1959 présente pour ces phases une séquence cohérente et bien datée. Le matériel, relativement pauvre, pourrait témoigner d'une occupation longue mais extensive. Les dates s'échelonnent entre 34 250 ± 675 BP pour la couche 14, 33 300 ± 760 BP pour la couche 13 (Aurignacien archaïque), 33 000 ± 500 et 32 000 ± 800 BP (couches 12 et 11, Aurignacien typique) et 29 300 ± 450 BP (couches 10 à 6, Aurignacien moyen). L'Aurignacien évolué, quant à lui, accentue les tendances précédentes à la diversification et semble perdre son unité monolithique tant dans le domaine osseux que lithique. Des fouilles récentes comme à Brassempouy (Landes) infirment du reste la microchronologie théorique de la séquence globale, tout en confirmant l'unité de l'Aurignacien.

La phase finale, anciennement Aurignacien V, connue dans le gisement de Laugerie-Haute (mais peut-être présente également à l'abri Casserole, où les fouilles sont en cours) et imprécisément définie sur des caractères essentiellement négatifs, n'est pratiquement plus

Casserole
Carte p. 9, 18

Industrie lithique aurignacienne

On remarque, de gauche à droite et de haut en bas, des grattoirs carénés, grattoirs à museau, lames étranglées, lames à retouche aurignacienne, burins.

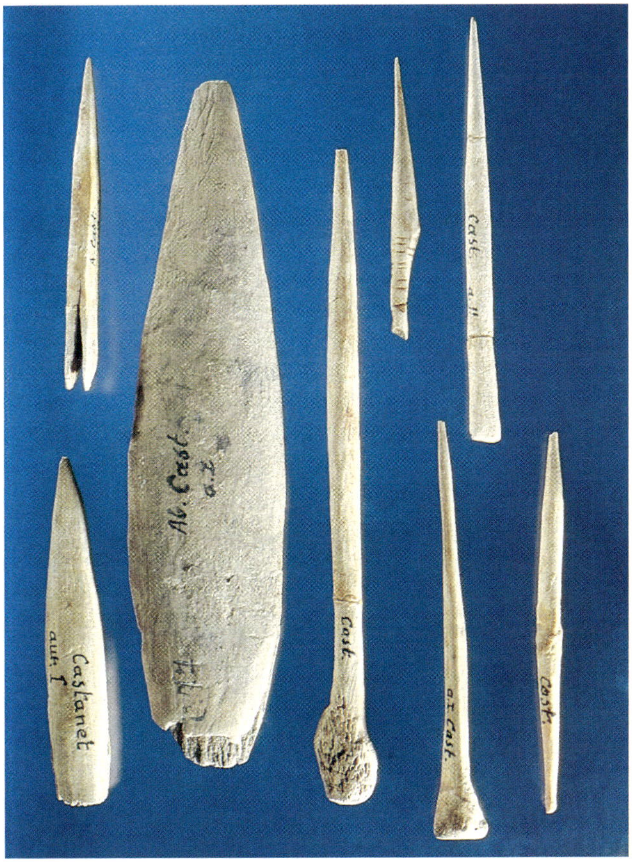

Industrie osseuse aurignacienne

De gauche à droite, sagaies à base fendue, puis poinçons et bipointes.

usitée et résulte peut-être d'un mélange de plusieurs horizons.

Forts d'un équipement de chasse sérieusement modernisé, les aurignaciens surent, au gré des fluctuations climatiques, orienter leurs activités de prédation vers une faune variée où dominait le renne, accompagné d'autres animaux froids (ours des cavernes, mammouth, rhinocéros, cheval, aurochs) mais également de façon épisodique d'animaux plus tempérés comme le cerf ou le sanglier. Ils ont établi leur campement dans les nombreuses grottes et abris du Périgord, y enterrant quelquefois leurs morts. A Cro-Magnon, dans le village même des Eyzies, cinq squelettes attribuables à cette période passèrent à la postérité! Trois hommes, dont un vieillard, une femme et un nouveau-né, tous nantis d'une parure funéraire abondante (300 coquilles marines), découverts en 1868, peut-être un peu trop tôt pour que les observations d'hier satisfassent les questions d'aujourd'hui...

Cro-Magnon
Carte p. 9, 15

Nous approchons là un domaine, celui de l'art, de l'expression symbolique, qui atteste pour la première fois, preuves archéologiques à l'appui, la grande spécificité intellectuelle des premiers hommes modernes et leur confère une réelle unité. Mais cette dernière ne signifie nullement une stricte identité. Les différents groupes semblent s'exprimer à travers des manifestations «artistiques» très diversifiées: ainsi les premiers aurignaciens allemands sont les premiers à sculpter sur ivoire de magnifiques rondes-bosses animales (Vogelherd, Holeinstein Stadel) ou anthropomorphes... A une

époque légèrement postérieure, les premiers hommes modernes du Périgord ne paraissent pas éprouver d'attrait particulier pour l'art mobilier figuratif. Ils préfèrent graver sur os ou bois de renne des séries de coches ou incisions parallèles et des cupules dont le sens demeure très énigmatique, malgré de belles tentatives qui ne manquent pas de cohérence d'en faire des «calendriers lunaires», suggérant une réelle appréhension du temps.

La musique voit sa pratique reconnue par la confection sur os tubulaire (généralement d'oiseau) de véritables flûtes à plusieurs trous (Isturitz en Pays Basque). Mais c'est surtout dans le domaine très particulier de l'art sur bloc calcaire que se manifeste l'existence d'un foyer culturel à forte identité dans la région des Eyzies. En effet, étroitement concentrés dans un rayon de quinze kilomètres maximum, divers gisements ont livré d'exceptionnelles gravures schématiques, triangles incisés plutôt frustes, mais dont les plus élaborés confinent à des symboles sexuels féminins tout à fait réalistes. De l'abri Cellier à celui du Poisson, de l'abri Lartet au groupe de Castelmerle (Castanet), quelques dizaines de blocs – certains mobiliers, d'autres assurément détachés de la paroi rocheuse – présentent ces «vulves» qui prolifèrent au détriment de représentations animales toujours rares et schématiques. Fait encore plus marquant, ces symboles sexuels conservent longtemps la faveur des aurignaciens: avec un ensemble de blocs gravés, tous exhumés en stratigraphie, bien datés par leur contexte entre 33 000 et 27 000 BP, la Ferrassie s'impose comme l'un des grands sites de l'art primitif... Bien plus, ces gravures «semimobilières» prouvent sur plusieurs millénaires une remarquable constance stylistique et thématique dans la région des Eyzies (abri du Poisson, Cellier, etc.) à l'exception de tout autre lieu... Comme si, dès 30 000 ans, se dégageaient déjà les limites d'une première entité culturelle...

Castelmerle
Carte p. 8

L'existence de ce foyer aurignacien de la basse Vézère est fondamentale pour appréhender le territoire des premiers hommes modernes, qui conjuguaient nomadisme et sédentarité dans un mode

«Calendrier lunaire» de l'abri Lartet (Les Eyzies-de-Tayac)

Cette pièce exhumée en 1863 fut récemment interprétée comme telle à cause de l'organisation géométrique des cupules et incisions qui constituaient son décor.

de vie bien adapté à leurs activités de subsistance. L'étude de l'origine des silex montre que si la matière locale est utilisée préférentiellement, la fabrication de certains outils contraint à des déplacements atteignant 10 kilomètres. Les espaces parcourus habituellement définissent ainsi de réels territoires assidûment fréquentés pour la chasse, la pêche, la cueillette, la collecte des matières premières, et qui correspondent globalement aux entités géographiques dessinées par la Vézère et ses affluents.

Néanmoins, la quête de matières «précieuses» – silex de qualité particulière, coquillages marins ou issus de gîtes fossilifères – n'exclut pas les voyages à longue distance, 100 kilomètres ou plus, contribuant à tisser des liens interethniques dépassant de beaucoup l'espace local ou régional de résidence et subsistance. La présence des premiers «sanctuaires» a pu favoriser également des rassemblements saisonniers, mais les arguments archéologiques font encore défaut. Il faudra attendre l'époque magdalénienne pour voir converger vers la région des Eyzies les hommes préhistoriques, que suivront bien plus tard les préhistoriens...

Bloc gravé de la Ferrassie (Mauzens et Miremont)
A noter, son décor profondément gravé de cupules et triangles fendus, interprétés comme symboles sexuels féminins schématiques.

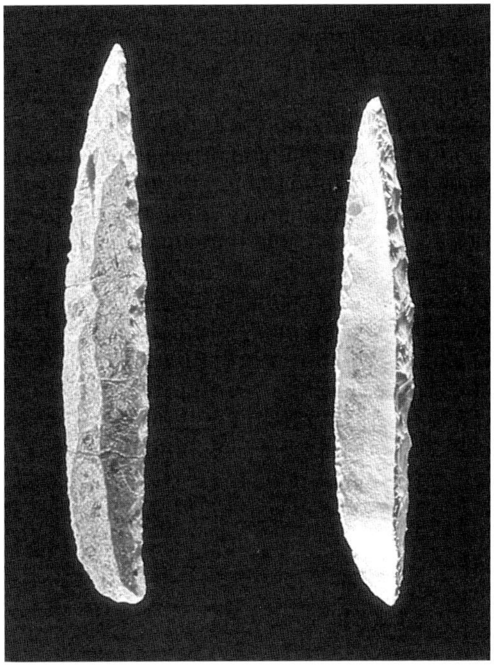

Pointes de la Gravette
Ces pointes à dos abattu rectiligne par retouches très abruptes parfois croisées sont typiques du Périgordien.

Le Gravettien et ses innovations techniques

La Gravette
Plan p. 2

Le Gravettien, défini dans les années 1930 d'après les fouilles de la Gravette et de la Ferrassie (couche J, K, L), était apparemment contemporain de l'Aurignacien final. On y discerna dans un premier temps quatre phases successives fondées sur la présence de fossiles directeurs caractéristiques: belles et longues pointes à dos abattu dites «gravettes» pour le Périgordien IV ou Gravettien, puis pointes à soie de la Font-Robert (la Ferrassie couche J) pour le Périgordien Va, éléments tronqués (la Ferrassie couche K) pour le Périgordien Vb et burins de Noailles (la Ferrassie couche L) pour le Périgordien Vc. Ce schéma

s'efforçait de couvrir au mieux les ensembles industriels relativement comparables que l'on découvrait peu à peu en Europe, de l'Espagne aux frontières du Don...

Au gré des recherches, les conceptions ont évolué et l'on préfère aujourd'hui dénommer Gravettien cet ensemble européen assez homogène dont les différents foyers sont également porteurs de technologies nouvelles (armatures lithiques composites et généralisation du débitage de la matière osseuse par rainurage, outre l'unité culturelle de la «phase à statuettes»), pour conserver au terme Périgordien sa connotation régionale.

La généralisation des datations absolues a également permis de préciser sa position chronologique et l'on s'accorde aujourd'hui sur un Périgordien (le qualifier de «supérieur» est désormais un pléonasme) se développant localement entre 29 500 et 22 000 BP, au cours d'une phase froide prenant le relais de l'interstade d'Arcy-Kesselt. Quelques millénaires de froid sec voient la fréquentation d'une faune adaptée (renne, mammouth, rhinocéros laineux, etc.) qui n'exclut pas, à la faveur de l'oscillation plus tempérée de Tursac vers 23 000 BP, l'accroissement de populations de cerfs, conjointement à celui d'une végétation plus clémente,

Industrie lithique périgordienne

Très caractéristiques, de haut en bas et de gauche à droite, pointes de la Gravette, grattoir discoïde, pointes pédonculées de la Font-Robert, burins sur troncature et burins de Noailles.

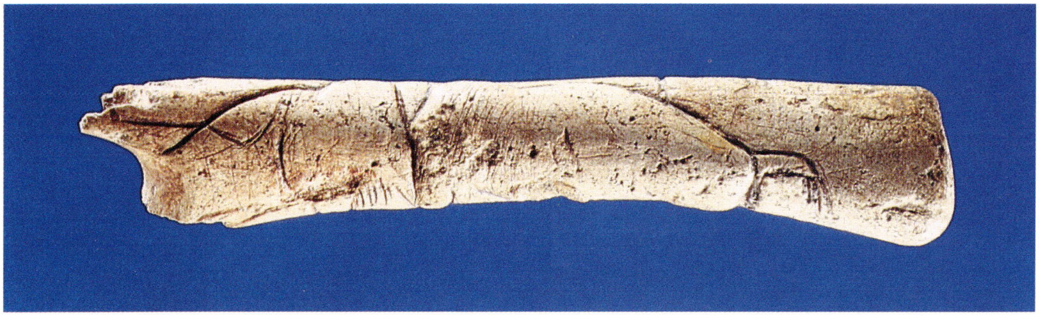

arborée, avec chênes, ormes, tilleuls, noyers. Le retour du froid rigoureux intervient à la fin du Würm III.

La typochronologie des industries lithiques, dorénavant plus réaliste, ne retient plus qu'une phase ancienne (l'ancien Périgordien IV) à grandes pointes de la Gravette, lamelles à dos et fléchettes ovalaires éventuellement foliacées, à fines retouches marginales sur face inférieure, préfigurant le Solutréen. Sur le gisement éponyme de la Gravette, commune de Bayac, dans la vallée de la Couze, Fernand Lacorre avait individualisé, au cours de ses fouilles entre 1930 et 1934, surmontant un Aurignacien typique comparable à la Ferrassie, un horizon particulièrement prolifique en «fléchettes de Bayac» (plus de 56 % de l'outillage lithique)... Il est vrai que l'on peut soupçonner Lacorre d'avoir quelque peu influencé, par ses méthodes de fouilles expéditives, les pourcentages du matériel. Selon ses dires, les trois niveaux supérieurs relevaient du Périgordien supérieur V. A la suite des travaux de François Bordes au Roc-de-Combe et de Jean-Philippe Rigaud au Flageolet, ces derniers sont regroupés en un seul horizon associant pointes à soie de la Font-Robert, éléments tronqués et burins de Noailles. Notons au passage que ce dernier auteur interprète la variabilité du Périgordien comme le reflet d'activités spécifiques ayant conduit à divers moments au développement de types d'outils variés. Plusieurs études récentes semblent lui donner raison, entre autres la fouille du Callan (Lot-et-Garonne) dirigée par André Morala, où les burins de Noailles représentent plus de 80 % de l'outillage à l'exclusion des autres fossiles directeurs classiques, preuve d'une activité très spécialisée.

Roc-de-Combe
Plan p. 2

En revanche, au-delà du radoucissement de Tursac, des industries typiquement gravettiennes perdurent dans plusieurs gisements, notamment aux Eyzies à l'abri Pataud, où fut reconnu par Movius la succession logique des phases du Périgordien (IV à VII) auparavant attestées sporadiquement sur divers sites, ce qui ne facilitait pas la compréhension de la structuration temporelle de cette culture.

Pataud
Carte p. 9, 16

Le Périgordien IV et V des couches 5 et 4, contenant en abondance gravettes, microgravettes, fléchettes et burins de Noailles, fut daté au carbone 14 entre 28 et 27 000 BP. Les surmontant, le Périgor-

Mammouths affrontés de Laugerie-Haute (Les Eyzies-de-Tayac)

Cette gravure sur bâton perforé fragmentaire en bois de renne fut à l'origine de l'appellation «Protomagdalénien» donnée par Peyrony au Périgordien final.

dien VI, très semblable à un niveau de Laugerie-Haute (fouille Peyrony), est bien daté de 23 010 ± 170 BP... Enfin, coiffant les deux gisements, une nouvelle couche d'un Périgordien VII (à Pataud, 22 000 BP), riche en lames larges retouchées sur les deux bords et en lamelles à dos (1/3 de l'outillage) présente de réelles affinités avec le Magdalénien que «l'intrusion solutréenne» sépare pourtant nettement (voir *infra*). A Laugerie-Haute, Denis Peyrony découvrit un bâton perforé fragmentaire magnifiquement gravé de deux mammouths affrontés: il franchit le pas en qualifiant de «Protomagdalénien» cet horizon archéologique...

Au-delà des témoignages classiques de l'industrie paléolithique, l'abri Pataud recelait également d'importants vestiges anthropologiques: des restes humains attribuables à un nourrisson de six mois, à un enfant de sept ans et à une jeune femme (16-18 ans) de haute stature (1,60 m), la fameuse «Madame Pataud», reconstituée dans le musée de site, ont été exhumés des niveaux datant du Protomagdalénien.

Vénus de Sireuil (Les Eyzies-de-Tayac)

Cette magnifique ronde-bosse de calcite ambrée représente une figuration féminine, thème classique du Gravettien européen.

Définie en Périgord, la culture gravetienne fait preuve d'une certaine homogénéité malgré son extension géographique considérable. Son caractère le plus constant réside dans le matériel lithique, un fonds commun de grattoirs et de burins assez variables mais avec une nette tendance vers le système «à troncature». Les armatures en silex, souvent composites, prennent selon les régions des formes spécifiques, telle la pointe de Kostienki (vallée du Don, Fédération russe) caractéristique du Pavlovien qui n'est autre qu'un Gravettien oriental.

L'industrie osseuse est encore plus sensible à des variations régionales: très abondante à l'est de l'Europe et souvent façonnée sur ossements de mammouth, abondamment décorée de motifs géométriques, rehaussée d'ocre, elle apparaît beaucoup plus rare sous nos latitudes, bien que localement riche en sagaies de divers types (longues et fines, à biseaux biconiques). Cela n'exclut pas le développement d'objets particuliers en Aquitaine, et en Périgord notamment, entre autres des pièces énigmatiques, les «bouchons d'outre» exhumés de gisements tels que Brassempouy, le Fourneau-du-Diable, Combe-Capelle, La Roque-Saint-Christophe... L'habitat, quant à lui, reste peu connu, mais il faut signaler au Flageolet (fouilles Jean-Philippe Rigaud) une structuration réelle de l'espace par des blocs d'effondrement, faisant apparaître un foyer, des aires de boucherie et de rejets annexes.

Le Fourneau-du-Diable, Combe-Capelle
Plan p. 2
La Roque-Saint-Christophe
Carte p. 8

Une réelle unité transparaît au travers de l'extension de ce que Bosinsky appelle «l'horizon à statuettes féminines» identifiées sous différentes formes de l'Atlantique au Don. Les gisements les plus célèbres ont livré une ou plusieurs figurations de femmes en ronde bosse, sculptées sur pierre, os, ivoire ou même argile cuite, tels Willendorf (Autriche), Dolni Vestonice (Tchécoslovaquie), Kostienki, etc. Toutes paraissent insister sur une certaine image de la femme stéatopyge ou stéatomère accentuant les attributs de la fécondité.

La France n'est pas en reste, offrant entre autres la plus fameuse de toutes, la «dame à la capuche» de Brassempouy (Landes), premier visage humain de la préhistoire. Le Périgord fait encore la preuve de son originalité et adapte ce thème à la sculpture pariétale avec la Vénus de Laussel (Marquay) s'ajoutant aux statuettes plus classiques de Sireuil, Monpazier ou Tursac. Gravée sur une dalle calcaire, celle de Pataud, très classique par son style, provient vraisemblablement du Périgordien VI.

Marquay
Carte p. 8

Les blocs gravés, toujours rares pour la période, ne sont pas absents: plusieurs d'entre eux présentent à Pataud des motifs variés, dont un grand «serpentin» très comparable à celui découvert à Laugerie-Haute... De même pour un signe ovale allongé dont le grand axe est ponctué de cupules...

Diverses manifestations pariétales à thématique animalière (la Grèze, le Poisson, Labattut) amorcent déjà la dualité entre sanctuaires de surface et premières pénétrations profondes du monde souterrain (la Mouthe). Les mains positives, si caractéristiques de la zone franco-cantabrique avant la découverte de la grotte Cosquer, sont également bien attestées (Labattut, le Poisson).

La Grèze
Carte p. 8
La Mouthe
Carte p. 9, 20

Enfin, c'est au Périgordien qu'il convient d'attribuer les réels prémices d'un art mobilier animalier, encore numériquement réduit mais appelé à un bel avenir. Au total, les groupes gravettiens répandus dans l'Europe entière y compris méditerranéenne témoignent, au travers d'une culture globalement homogène, d'une étonnante vitalité tout en affichant des spécificités régionales, résultats sans doute d'une parfaite adaptation à la variabilité du milieu.

Des chasseurs venus d'ailleurs? Les Solutréens en Périgord

La connaissance des gisements périgourdins et l'inspiration faisaient sans doute défaut à Gabriel de Mortillet lorsqu'il choisit, en 1869, le site de Solutré – «station la plus atypique de France» selon Philippe Smith – pour dénommer cette période très particulière du Paléolithique supérieur. Non que soit contestée l'importance de ce rocher de Saône-et-Loire, célèbre à plus d'un titre: plusieurs occupations préhistoriques y sont bel et bien attestées, périgordienne et magdalénienne principalement, la présence solutréenne effective demeurant pour le moins réduite...

En Périgord, et plus précisément à Laugerie-Haute, plusieurs épais niveaux sont attribuables à cette période, desquels Edouard Lartet avait isolé ces objets en silex caractéristiques, montrant une surprenante retouche rasante, si finement travaillés qu'ils ressemblaient à des feuilles de laurier, de saule, de gui, etc., appellations qui allaient s'ancrer dans la typologie...

De Mortillet, enfermé dans sa logique, devait récidiver en situant cette culture immédiatement après le Moustérien, mais avant l'Aurignacien et le Magdalénien. L'interprétation des stratigraphies de l'époque s'en ressentait quelque peu, mais malheur aux contradicteurs, hommes de terrain, humbles érudits locaux qui,

décrivant avec objectivité leur séquence, s'attiraient les foudres de l'archéologue de la capitale.

Il revient à l'abbé Breuil d'avoir rétabli la vérité en 1905: le Solutréen, qu'on aurait mieux fait d'appeler «Laugérien», succède sans transition au Périgordien, aux alentours de 22 500 BP, pour disparaître tout aussi brutalement, en plein apogée, 3000-4000 ans plus tard, cédant la place au «Magdalénien». Il correspond à une période de froid sec intense: les plaines de l'Europe du Nord sont entièrement recouvertes d'un inlandsis qui, en retenant prisonnières d'énormes quantités d'eau, entraîne un notable abaissement du niveau marin: le littoral paléolithique se trouve peut-être une centaine de mètres au-dessous de l'actuel. Plus au sud, les glaciers se forment à partir de 900 mètres d'altitude, recouvrant le Massif central et une bonne partie de ses marges. Après quelques légères améliorations passagères, le Würm III connaît une dernière phase froide, légèrement plus humide, avant de laisser la place à une période interglaciaire qui emporte les dernières traces de Solutréen supérieur.

Industrie lithique du Solutréen

On notera la technique de taille foliacée bifaciale du silex, très évidente sur les feuilles de laurier et pointes à cran (en bas à droite).

Dans le Sud-Ouest, le climat froid rigoureux qui règne vers 19 000 BP limite singulièrement l'extension des zones habitables, réduites au domaine des plaines et vallons et aux parties basses des contreforts du Massif central. Pour longtemps, la faune des ongulés se développant en milieu ouvert constitue la base de la subsistance et le renne domine les paysages de steppe ouverte. Chaque phase pléniglaciaire voit cependant la cohabitation d'animaux nouvellement implantés, adaptés au milieu steppique, qui se mêlent aux faunes autochtones, lesquelles se maintiennent dans la limite de leur capacité d'adaptation. Quelques animaux de forêt résistent pour leur part dans des isolats boisés. De fait, si la réapparition de l'antilope saïga, vers 18 500 BP ou même avant, nous amène à prendre conscience de la rigueur du climat, l'association cheval, bison, renne, cerf, bouquetin et chamois demeure la plus classique. On notera par ailleurs la disparition progressive de quelques très gros gibiers, mammouth, rhinocéros, cheval hydruntin et mégacéros.

Le domaine géographique du Solutréen, limité, fait apparaître divers foyers de part et d'autre des Pyrénées. En France, la retouche foliacée est connue dans le Sud-Ouest, la bordure du Massif central jusqu'en Indre, dans la Mayenne, la Vienne, la Bourgogne, et ne paraît pas avoir dépassé le Rhône qui a dû constituer une frontière naturelle infranchissable. Plusieurs hypothèses tendent à établir l'origine de cette culture sans qu'aucune soit véritablement satisfaisante. Les sites typologiquement les plus anciens sont confinés dans la vallée du Rhône à l'exception de la couche de «Protosolutréen» de Laugerie-Haute, malheureusement médiocrement fiable car elle pourrait bien résulter d'un mélange de Périgordien final et de Solutréen ancien.

La transition typotechnologique reste également à trouver, mais certains caractères du complexe périgordien (présence de pointes de trait en silex, éventuellement à soie, et d'une amorce de retouche en pelure partiellement envahissante) pourraient bien voir leur aboutissement avec le Solutréen... Dans l'état actuel de nos connaissances, l'hypothèse d'une culture intrusive – ce qui ne résout pas la question de l'origine – ne doit pas être écartée, mais l'étude des ensembles archéologiques issus des fouilles récentes tend à modérer l'originalité réelle des outillages. En revanche, les datations absolues les plus anciennes sont enregistrées en Espagne. Leur évolution chronologique a été précisée par Smith dès 1960 à partir des séries périgourdines, principalement de Laugerie-Haute, qui demeure aujourd'hui le seul gisement français à proposer une séquence complète: au Protosolutréen succède un Solutréen inférieur, caractérisé par ses pointes à faces planes, objets dont la retouche couvrante est limitée à la face supérieure et qui ne sont pas sans rappeler certaines pointes moustériennes élaborées.

Le Solutréen moyen voit l'aboutissement de la retouche totalement couvrante, bifaciale, sur les «feuilles de laurier», des armatures de traits ménagées en taille directe au percuteur tendre. Dans certains cas, des stocks d'ébauches ont été constitués (la Crouzette, les Jamblancs). Dans quelques autres, plus rares, le silex paraît avoir été chauffé «au bain de sable», ce qui améliore notablement son aptitude à la taille et lui donne un aspect légèrement huileux (à Laugerie-Haute par exemple). Mais cette pratique, probablement expérimentale à l'époque, et nullement indispensable, ne se généralisera pas avant... des millénaires! La technique foliacée culmine avec le Solutréen supérieur, parfaitement individualisé par ses feuilles de saule et surtout ses pointes à cran, unique fossile directeur réellement fiable du Paléolithique et strictement cantonné aux alentours de 19 000 BP. Ces dernières sont confectionnées grâce à une

Les Jamblancs
Plan p. 2

Pointes à cran du Solutréen supérieur

Ces armatures de traits obtenues par taille par pression du silex constituent un fossile directeur extrêmement fiable de la fin du Solutréen.

technique de taille innovante, la retouche par pression. L'hypothèse d'un Solutréen final, un instant envisagée, est désormais totalement écartée.

En définissant cette évolution fondée sur des pièces spécifiques, les préhistoriens ont quelque peu contribué à isoler le Solutréen de son contexte culturel et de l'évolution générale des outillages préhistoriques. Dans les ensembles exhumés actuellement, la taille bifaciale est toujours aussi caractéristique, mais elle n'affecte en fait qu'un quart de l'outillage lithique, la majeure partie demeurant très classique et montrant des affinités évidentes tant avec l'Aurignacien, (présence de nombreux grattoirs, faiblesse numérique des burins) qu'avec le Périgordien puisque comportant de magnifiques gravettes! Parfaitement maîtrisée, la technologie lithique occulte un peu l'industrie osseuse, pourtant présente avec hameçons droits, bâtons perforés et autres pièces déjà préalablement connues. Le Solutréen y ajoute de réelles inventions, sans doute déterminantes, comme les sagaies à section ronde ou biconique mais surtout l'aiguille à chas et le propulseur, complément essentiel de l'arsenal cynégétique en qualité de premier engin de tir, augmentant la vitesse et l'énergie initiales du projectile.

Forts de ce remarquable matériel, les solutréens étaient parfaitement armés pour affronter des conditions environnementales rigoureuses. Le climat froid conditionne l'implantation de leurs habitats: les solutréens ont pratiquement toujours choisi des abris sous roche ou grottes peu profondes bien exposés, semblant négliger les stations de surface qui demeurent des raretés, à moins que des phénomènes naturels subsidiaires ne nous les dévoilent à la faveur de travaux d'aménagement d'une certaine ampleur. Cette hypothèse est très plausible en Périgord: nombreux sont les préhistoriens à avoir remarqué que fréquemment les couches solutréennes ne subsistent plus que dans des grands dépôts de pente. Le radoucissement climatique des interstades Lascaux-Laugerie a pu vidanger les abris et entraîner les vestiges d'occupation vers le fond des vallées par solifluction. Du reste, ces dépôts présentent le plus souvent un fort concrétionnement (aux Jamblancs, au Malpas, etc.) qui traduit un ruissellement très important.

Jamblancs, Malpas Plan p. 2

Menant l'art de la taille du silex à une perfection jamais égalée (certaines pièces foliacées atteignent 30 cm de long pour seulement 6 mm d'épaisseur!), les solutréens remettent au goût du jour une technique de décor sur os et bois de renne par incisions parallèles qui n'est pas sans évoquer les guillochages, beaucoup plus sporadiques, de l'Aurignacien, notamment dans le domaine de la parure, les dents perforées par exemple. La rupture avec ce qui précède paraît donc un peu théorique, d'autant plus que les prémices d'une retouche envahissante ne sont pas rares dans le Moustérien récent ou le Périgordien supérieur.

L'art strictement mobilier reste peu usité, conférant aux quelques pièces périgourdines célèbres et bien datées une valeur particulière: citons entre autres le «félin en contour découpé sur bois de renne de Laugerie-Haute», protosolutréen, prototype d'une technique appelée à un bel avenir au Magdalénien récent, et quelques pendeloques éventuellement figuratives du Fourneau-du-Diable ou du Pech-de-la-Boissière.

Fourneau-du-Diable Plan p. 2

L'innovation fondamentale demeure, pour l'art «monumental», l'érection de sanctuaires sous abri où les figurations animales (bouquetins, chevaux et surtout bovidés) sont ménagées sur des blocs calcaires selon la technique spectaculaire du bas-relief. Au Fourneau-du-Diable près de Bourdeilles, une douzaine d'aurochs ornent un bloc sculpté dans un style gra-

phique très académique en tous points comparable à celui des bovidés peints de Lascaux.

Chasseurs de renne, les solutréens connaissent une rapide expansion démographique en nos régions à la fin du Würm III. Civilisation particulièrement prolifique en inventions majeures, sa culture matérielle semble disparaître brusquement alors qu'elle était à son apogée. Certains groupes ont probablement repassé les Pyrénées pour subsister en Espagne (Chuffin, 17 480 BP). Du reste, le matériel archéologique issu de plusieurs gisements laisse entrevoir de réelles affinités hispaniques: aux Jamblancs par exemple, une pièce foliacée montre un curieux pédoncule déjeté tandis qu'une autre, en fait une pointe à cran non foliacée, présente un cran en virgule très comparable aux fossiles directeurs du Solutréen récent du Levant espagnol.

En Périgord, le remplacement précoce pour ne pas dire brutal des solutréens par des groupes porteurs d'une industrie lithique très différente et moins élaborée fut à l'origine de bien des hypothèses. On alla même jusqu'à penser que l'abondance des pointes de trait (pointes à cran du Solutréen supérieur) traduisait une «course aux armements» pour lutter contre des envahisseurs, magdaléniens, venus de l'est... D'autres hypothèses, moins catastrophistes, s'appuyaient sur l'apparente contemporanéité, dans les rares gisements où la séquence stratigraphique permet d'étudier les industries de cette époque charnière, des deux fossiles directeurs appartenant tant aux solutréens qu'aux premiers magdaléniens. Le gisement de Laugerie-Haute, fouillé par François Bordes, comportait en effet deux couches (18 et 20) où voisinaient pointes à cran solutréennes et raclettes

Eléments de parure du Fourneau-du-Diable (Bourdeilles)

Réminiscence de l'Aurignacien, le décor d'incisions parallèles ménagées sur ces pendeloques perforées est typique du Solutréen du Périgord.

magdaléniennes, éventuellement accompagnées de burins transverses sur coche typiques du Magdalénien ancien (Badegoulien), l'ensemble étant daté au carbone 14 des environs de 18 200-18 300 BP. La césure des cultures matérielles apparaissait d'autant plus incompréhensible que les expressions artistiques manifestaient de leur côté une réelle continuité.

Le mystère de l'extinction du Solutréen restait donc entier, du moins jusqu'à ce que soient engagées selon une problématique nouvelle des fouilles modernes aux Jamblancs. Quoique légèrement excentré par rapport à la capitale mondiale de la préhistoire, le site apporte à la lumière des recherches achevées en 1991 divers éléments de réponses, certes provisoires, mais très prometteurs puisqu'ils suggèrent une nouvelle interprétation des résultats antérieurs ou voisins.

• *Le site des Jamblancs*

Dominant la vallée de la Couze et exposé plein sud, le grand gisement des Jamblancs (commune de Bourniquel) se compose en fait d'une ligne d'abris creusés dans le calcaire campanien supérieur (Maastrichtien) et d'un gigantesque dépôt de pente. Connu dès 1880 et exploité sans grande méthode par des générations de préhistoriens amateurs ou franchement clandestins, le site reçut la visite de Peyrony en 1901, qui y séjourna quelques jours et explora deux petits abris de part et d'autre d'un pilier rocheux. Il y mit au jour une série de niveaux solutréen supérieur et magdalé-

Jamblancs
Plan p. 2

Bloc gravé, sculpté du Fourneau-du-Diable (Bourdeilles)

Une dizaine d'aurochs sont figurés sur ce fleuron de l'art monumental solutréen dans un style très académique.

nien ancien (en fait un Magdalénien I à raclettes et un «Magdalénien II-III» selon la terminologie en vigueur aujourd'hui) publiée en 1912 et 1934. Peyrony avait en effet rencontré en très grand nombre des éclats à retouche abrupte périphérique, dénommés plus tard «raclette», apparemment caractéristiques d'une phase ancienne de la dernière culture paléolithique. Sans entrer dans le détail, la superposition immédiate du Magdalénien ancien au Solutréen supérieur, sans le moindre niveau intermédiaire, fournit argument à l'étroite proximité de ces deux cultures. Quarante ans plus tard, reprenant l'étude des séries Bouyssonnie, Philippe Smith mit en évidence un niveau sous-jacent au Solutréen supérieur qu'il attribuait pour la première fois au Badegoulien (= Magdalénien 0) très comparable aux couches 18-20 de Laugerie-Haute (fouilles Bordes) et confondu au début du siècle avec un possible «Aurignacien comportant de gros outils fort curieux». Tous les éléments étaient donc en place pour proposer, à travers l'interprétation de cette succession théorique Magdalénien 0/Solutréen supérieur/Magdalénien I à raclettes, la théorie de la contemporanéité entre Solutréen et début du Magdalénien, dès lors appelée à faire fortune...

La reprise des fouilles entre 1985 et 1991 allait apporter bien des surprises: il apparaissait de façon évidente que Bouyssonnie avait fouillé en 1912-1913 un secteur profondément bouleversé. Dans le dépôt de pente, la superposition des couches, pourtant comparables à celles du proche Malpas (fouilles Montet-White entre 1968 et 1973), ne constituait pas un argument bien sérieux. Seuls demeuraient à peu près fiables les travaux de Peyrony, une fois de plus, qui proposait d'après les lambeaux qu'il fouilla dans les abris épargnés et sur la base d'observations typologiques (en l'absence de moyens de datation absolue) un schéma organisationnel du début du Magdalénien sur lequel nous reviendrons.

Malpas
Plan p. 2

De fait, le bilan des travaux récents, confirmés par de nombreuses analyses sédimentologiques, palynologiques, micromorphologiques, fait apparaître aux Jamblancs une succession d'événements organisés selon la chronologie suivante:

– une intense occupation des abris attribuable au Solutréen supérieur, datée au carbone 14 de 19 010 BP (en moyenne);

– une phase climatique entraînant la vidange quasi totale des abris et la mise en place du dépôt de pente, probablement assimilable à l'interstade de Laugerie (vers 18 500 BP);

– une occupation des abris par un groupe «badegoulien», datée au carbone 14 de 17 700 BP;

– une nouvelle vidange partielle des abris, accompagnée de chutes de gros blocs (effondrement de l'auvent des abris) qui viennent épaissir le dépôt de pente correspondant probablement à l'interstade de Lascaux vers 17 800-16 500 BP.

L'existence d'un hiatus d'un millénaire au moins est donc clairement établie aux Jamblancs entre la fin de l'occupation solutréenne et l'implantation badegoulienne postérieure. Les datations intermédiaires, obtenues sur un horizon recelant les fossiles directeurs des deux périodes, ne constituent pas un argument en faveur de leur contemporanéité mais semblent plutôt le reflet d'un mélange de niveaux archéologiques, très envisageable durant ces périodes à forte humidité favorisant les phénomènes de solifluction et de percolation des objets.

Si les motifs qui entraînent la disparition des solutréens de nos régions demeurent inconnus, du moins le gisement des Jamblancs met-il un terme à diverses conjectures et incite-t-il à la recherche de nouvelles informations selon une problématique rénovée.

L'APOGÉE MAGDALENIEN

De 17 500 à 15 000 BP: Magdalénien ancien ou Badegoulien?

Avant de pouvoir s'appuyer sur le site éponyme du Magdalénien, le grand abri de la Madeleine, située dans la commune de Tursac, en Dordogne, la chronologie traditionnellement admise faisait référence pour la dernière des grandes cultures du Paléolithique à un beau gisement échappant à la mouvance des Eyzies, la grotte du Placard (Charente), qui fut saccagée à la fin du XIXe siècle par un nobliau local, monsieur de Maret. Quarante ans plus tard, l'abbé Breuil, à force de persévérance, réussit à définir sur la base d'une étude sur la patine des objets les trois premiers stades du Magdalénien, numérotés de I à III. Pour méritoire qu'elle soit, cette tentative demeurait fort aléatoire, monsieur de Maret ayant volontairement détruit les pièces qu'il jugeait indignes de son intérêt, après avoir mélangé la stratigraphie... Heureusement, les sites du Périgord étaient là pour combler certaines lacunes.

Raymonden
Plan p. 2

Tout proche de Périgueux, sur la rive droite de la Beauronne, le site de Raymonden se compose en fait de deux abris sous roche dont les stratigraphies complémentaires permettent de proposer la séquence complète du Magdalénien. Respectant la logique, l'abri supérieur recèle les phases IV, V et VI surmontées d'un Azilien comme dans l'ensemble la Madeleine/Villepin. Mais sa célébrité tient surtout à la découverte par Hardy en 1888 d'une sépulture creusée dans un niveau archéologique assez pauvre attribué au Magdalénien IV. Le squelette, étudié par l'anthropologue Testut, fut rapproché de ceux des esquimaux actuels qui apparaissaient dès lors comme les descendants de la race de Chancelade, population remontée vers le nord à la fin du Paléolithique, suivant le recul des glaciers lors du réchauffement tardiglaciaire... Séduisante, cette théorie n'avait qu'un défaut: reposer sur un vestige humain exhumé en menus morceaux et très médiocrement restauré, comme le montrèrent les études ultérieures de Morand (1930) et Vallois (1940).

La Madeleine,
Villepin
Carte p. 8

L'abri inférieur fut plus sérieusement fouillé par Didon en 1927 et Bouyssonnie en 1928-1929. Des foyers bien structurés remplis de cendres s'y superposaient en quatre couches. Le premier, à la base, implanté sur un «dallage» de gros galets, contenait une industrie lithique riche de burins, grattoirs, raclettes, et totalement dépourvue de lamelles à dos. Le niveau sus-jacent en contenait au contraire, accompagnées de triangles et lamelles denticulés et d'une industrie osseuse originale (sagaies à section quadrangulaire). Les deux couches sommitales (Magdalénien III?) renfermaient un matériel abondant: nombreux burins, grattoirs, lamelles à dos parfois denticulées ou tronquées, quelques raclettes et un véritable triangle, bref le lot habituel du Magdalénien «moyen», censé connaître en outre

Vue générale des abris des Jamblancs (Bourniquel)
Dominant la vallée de la Couze, affluent de la rive gauche de la Dordogne, le grand gisement des Jamblancs est un site majeur pour la compréhension des origines du Magdalénien.

un notable développement de l'outillage en bois de renne tout en ignorant encore les harpons.

Le système chronologique était donc en place et semblait pouvoir affronter les travaux à venir avec sérénité, d'autant plus que les études contemporaines de Peyrony à Laugerie-Haute confirmaient ces propositions de structuration d'un Magdalénien ancien/moyen dans ses grandes lignes: même présence des foyers superposés, même succession stratigraphique incluant au-dessus de la séquence solutréenne une couche de raclettes abondantes, confirmant par là-même leur identité magdalénienne...

Laugerie-Haute
Carte p. 9, 7

D'après les travaux engagés sur ce gigantesque gisement (peut-être 200 m de long pour 40 m de large à l'origine), ceux de Peyrony publiés en 1938, puis ceux de François Bordes de 1957 à 1959 à l'est, de Philippe Smith la même année à l'extrémité opposée, etc., une stratigraphie synthétique a été élaborée:

- un Magdalénien V, peu représenté au sommet;
- un horizon de Magdalénien «III», éventuellement subdivisé, riche en outillage laminaire et lamellaire, contenant encore quelques raclettes. Dans le domaine osseux, les baguettes demi-rondes y font leur apparition. On notera que l'effondrement des gros blocs qui matérialisent aujourd'hui le gisement vient mettre un terme à cette intense occupation;
- au-dessous, une couche plus difficile à isoler, ce qui explique une certaine distorsion entre les observations de Bordes et de Peyrony, caractérisée par de nombreux microlithes, lamelles à dos et surtout lamelles tronquées et triangles scalènes;
- un horizon homogène de Magdalénien I à nombreuses raclettes, divisé par Bordes en quatre sous-niveaux (a, b, c, d), également bien fourni en burins transverses sur coche et perçoirs en étoile, fossiles directeurs assez fiables du début du Magdalénien, au moins quand ils sont numériquement bien représentés;
- enfin, au contact du Solutréen supérieur, un Magdalénien «0», d'aspect fruste, macrolithique, recelant un abondant outillage sur éclat, mais peu ou pas de raclettes et aucune lamelle à dos, l'ensemble étant associé à quelques pièces solutréennes. Malgré la probabilité d'un remaniement ou de mélange entre niveaux, la séquence magdalénienne remarquablement complète et développée montrait une cohérence apparente. Par ailleurs, la présence de quelques blocs gravés de bovidés, découverts *in situ* pour certains (ou dans les déblais des fouilles anciennes pour les autres – Peyrony déclarait avoir dû évacuer 2 000 m³ de terre remaniée avant d'accéder aux niveaux non perturbés) fournissait à l'archéologue féru d'art paléolithique quelques éléments «bien datés» par leur contexte industriel...

Apparemment du moins, puisque François Bordes avait eu l'honnêteté scientifique de signaler, dans la partie sommitale du Magdalénien III, la présence de pointes à cran solutréennes difficilement explicables et n'avait pas exclu de ce fait, dans une note *infra* paginale, la possibilité de certaines perturbations... Enfin, les premières études des sciences connexes, appuyées sur une colonne de datation carbone 14, offraient l'avantage de proposer une approche paléoenvironnementale dans un cadre chronoculturel relativement précis, fondé sur l'apparition ou la disparition des fossiles directeurs classiques et la variabilité des proportions des grandes catégories d'outillage. Le système se montrait suffisamment souple pour que le matériel issu d'autres gisements périgourdins, n'ayant pas bénéficié de datation absolue, vienne s'insérer sans trop de contorsion dans cette classification théorique. Il apparaît aujourd'hui nécessaire d'accorder aux fossiles directeurs une compétence chronologique beaucoup moins assurée. Depuis, le cadre paléoenvironnemental a été considérablement consolidé grâce, entre autres, aux travaux de Françoise Delpech dans le domaine paléontologique.

Un maximum glaciaire est nettement enregistré aux alentours de 18 000 BP, succédant à la phase relativement clémente dite interstade de Laugerie. Le froid sec est tel qu'il interdit toute occupation des grandes plaines du nord de la France et de l'Europe. Dans ce contexte, le Sud-Ouest aquitain fait figure de refuge, de réserve et le grand gibier se confine en milieu clos. Le renne voit diminuer ses effectifs: proche de l'extinction, il supporte mal la rigueur climatique ambiante et sa taille moyenne, plus réduite, s'en ressent. En revanche, l'antilope saïga, de retour d'Asie centrale, fait son apparition. Pendant un millénaire, entre 17 500 et 16 500 BP, l'interstade de Lascaux ramène en nos régions des conditions plus clémentes. Néanmoins, d'après nos connaissances actuelles, les zones de colonisation humaine s'accroissent très médiocrement.

Après le retour d'une longue période froide, entre 16 500 et 13 300 BP, dénommée Dryas I du nom d'une plante typiquement steppique, notre région offre des conditions d'existence optimale pour l'antilope saïga, du moins dans les grandes plaines, le renne persistant dans les espaces plus confinés. Les premiers magdaléniens en étant partiellement tributaires, le nombre de leurs habitats s'accroît et pourrait bien traduire une poussée démographique vers 15 000 BP. Les grands animaux de prairie (aurochs) demeurent rareté, bien que quelques animaux tempérés, cerf, sanglier, chevreuil, s'accrochent dans les vallées montagneuses.

Conjointement, les recherches contemporaines, dont celles que nous avons menées aux Jamblancs, laissent poindre des interprétations différentes de la structuration interne du Magdalénien. Pour n'être pas définitives, elles éclairent l'évolution typochronologique d'un jour nouveau et paraissent mieux rendre compte des sérieuses différences technologiques que semblent avoir manifesté les magdaléniens *sensu largo*.

A la reprise des fouilles en 1985, hormis le dépôt de pente, rien ne semblait subsister dans les abris est et ouest sinon peut-être le colmatage de blocaille «concrétionnée stérile» qui assurait le lien stratigraphique entre les deux remplissages disparus. Rappelons pour mémoire l'identification au sommet du dépôt de pente d'une couche datée de 17 700 ± 230 BP, livrant une industrie lithique très abondante caractérisée par un débitage macrolithique sur éclat ignorant le débitage laminaire, riche en grattoirs, burins dont transverses sur coche, outils de type moustéroïde (pièces esquillées, racloir, etc.) et très rares et mauvaises raclettes sans aucune lamelle à dos: un ensemble très fiable statistiquement, compte tenu des conditions de mise en place du dépôt. Nous attribuâmes cette industrie à un classique Magdalénien «0» conformément au modèle défini par François Bordes. Puis, à l'occasion de l'exploration, pour contrôle, du remplissage à première vue remanié des abris de part et d'autre du pilier rocheux, nous trouvâmes à l'ouest plusieurs liserés concrétionnés, fossilisés: un matériel déjà très laminaire, quoique de module moyen, associant à la panoplie classique des magdaléniens, grattoirs, burins nettement dominants, quelques raclettes et de bonnes lamelles à dos tronquées. Si l'on y ajoute une industrie osseuse assez développée, avec aiguilles à chas et même «rondelles» en contour découpé, l'appartenance au Magdalénien ne faisait

Mammouth gravé sur calcaire des Jamblancs (Bourniquel)

Cette pièce de petite taille récemment découverte, figurant un mammouth très comparable à celui de la Madeleine, est attribuée à un Magdalénien datant des environs de 13 800 BP.

Bison gravé sur bloc des Jamblancs (Bourniquel)

Malheureusement découverte dans les déblais de fouille, cette pièce était traditionnellement attribuée au Magdalénien ancien.

aucun doute. La présence de silex géométriques semblait indiquer la phase II et donc adjoindre un troisième gisement à la liste, maigre, des sites de cette époque après Laugerie-Haute et Lascaux...

Lascaux
Carte p. 8

A l'est, la mise au jour de témoins miraculeusement épargnés confirmait les affirmations de Peyrony: il existait bien un très riche niveau à raclettes (donc Magdalénien I) et la domination de ces dernières était liée à l'existence, fait nouveau, d'une fosse creusée dans le substrat, littéralement bourrée d'ocre rouge et de restes organiques. On ne pouvait rêver meilleure «structure spécialisée», siège d'une activité visiblement orientée vers le travail de l'os et peut-être même de la corne, d'après la microtracéologie.

Enfin vint une ultime découverte, inespérée: contrairement aux assertions des précédents chercheurs, le colmatage de blocaille concrétionnée surmontant les niveaux n'était nullement stérile. Nous en exhumâmes une riche industrie lithique, fortement laminaire, d'obédience magdalénienne, et surtout une exceptionnelle industrie osseuse évoquant tout à fait le matériel de Lascaux ou de Laugerie-Haute. La base de cette couche était en contact direct avec le sommet du Magdalénien I à raclettes, ce qui aura son importance. L'attribution au Magdalénien III était patente, en l'absence de harpons. Des datations absolues vinrent en outre brouiller les données antérieures. Par ailleurs, une figuration de mammouth, gravée sur calcaire, rappelait singulièrement la posture du proboscidien de Lartet à la Madeleine, attribuée au Magdalénien supérieur...

De fait, on peut désormais proposer la chronologie suivante de l'occupation des abris: le remplissage Magdalénien «0» daté de 17 700 BP a été, à la faveur d'une phase climatique humide, entièrement déblayé de la terrasse supérieure, venant constituer la partie sommitale du dépôt de pente.

Vers 16 500 BP, l'abri ouest est occupé par un petit groupe à caractéristique technologique magdalénienne. Cette industrie, dont la typologie indiquait le stade II, est en fait antérieure de 1500 ans au matériel laissé par l'occupation d'un groupe «Magdalénien à raclettes» daté de fait des environs de 15 000 BP dans l'abri est.

Le «Magdalénien III» fournit deux dates, 13 790 ± 120 BP et 13 900 ± 110 BP et paraît dès lors très engagé dans la phase «supérieure». Bien que demandant à être confirmés par d'autres fouilles, ces résultats sont capitaux puisqu'ils modifient considérablement les certitudes passées:

- la phase «à raclettes», liée à une activité spécifique, voit sa compétence chronologique sérieusement élargie;
- la datation, basse, d'une véritable industrie magdalénienne, localement sans harpon, mais strictement contemporaine des niveaux qui en possèdent sur d'autres gisements voisins, nuance également la valeur de ce fossile directeur de l'industrie osseuse. Par ailleurs, la présence de ce «Magdalénien récent» aux Jamblancs, d'où proviennent vraisemblablement les blocs gravés trouvés dans les déblais par Peyrony (et attribués, faute de mieux, au Magdalénien ancien qui était alors seul attesté sur le site!) fournit une explication cohérente à la similitude stylistique observée entre ces derniers et ceux de Laugerie-Haute, théoriquement réputés plus récents... Le Magdalénien III de Laugerie-Haute est par ailleurs également daté de 13 790 BP ± 480 BP... La fourchette assez large explique sans doute qu'on ne lui ait pas prêté attention... Nous reviendrons ultérieurement sur les implications chronologiques dans le domaine de l'art pariétal. Pour se limiter au domaine de l'industrie lithique, remarquons que Peyrony a, lors de ses fouilles aux Jamblancs, assurément mélangé le niveau à raclettes et celui qui lui était immédiatement superposé, conférant alors à cet ensemble hybride, voire contre-nature, un aspect beaucoup plus moderne, et notamment plus laminaire. Vierge de toute contamination, nul doute que ce «Magdalénien I», ménagé sur éclats, privé de lamelles à dos, privé également de sa belle industrie osseuse et de ses objets d'art, se serait vu refuser l'appellation élogieuse de «Magdalénien»...

De fait, il paraît aujourd'hui plus sage de ne considérer comme vraiment magdalénien que cet ensemble industriel effectivement très homogène par sa technologie lithique, le développement de son industrie osseuse (avec ou sans harpon), ses objets d'art nombreux, à savoir les phases anciennement définies comme III à VI. Avant, c'est un monde culturel différent, préférant la taille de gros éclats de silex et ne développant que très parcimonieusement l'art et l'industrie osseuse. L'appellation «Badegoulien» recouvrant les stades précédents cadre mieux avec la réalité observée et n'exclut pas certains «pontages» comme le matériel de l'abri ouest des Jamblancs. Bien sûr, il subsiste de nombreuses inconnues qui proposent à la recherche archéologique de passionnantes perspectives d'étude. Rendez-vous sans doute dans quelques années...

Le Magdalénien véritable

Dernière des grandes cultures du Paléolithique supérieur, le Magdalénien constitue en quelque sorte l'aboutissement de l'ère des chasseurs de la préhistoire et dans bien des domaines, notamment artistique, son indiscutable apogée. Son gisement éponyme, le grand abri de la Madeleine, accède à la célébrité grâce, une fois de plus, à Lartet et Christy, en 1863-1864. Comme le fait remarquer Jean-Marc Bouvier, la découverte coup sur coup de trois sites majeurs (avec Laugerie-Haute et le Moustier) est une sorte de record qui, à dire vrai, tient toujours.

Couches sédimentaires	Conditions climatiques	Niveaux archéologiques	Stade industriel	Caractères et remarques	dates ^{14}C B. C.
A			Magdalénien VI	apparemment stérile	
B	Froid instable, parfois rigoureux	1 2		pauvres et diffus	
		3			
C	Adoucissement	4 5			
D	Refroidissement	6		diffus (abri inhabitable ?)	
E	Adoucissement			stérile dans zone fouillée	
F	Froid très rigoureux	7		harpons à 1 et 2 rangs	10690 ± 260
		8	Magdalénien V	foyer local	
G	Phase humide	9		harpon à 1 rang	10800 ± 240
H	Froid le plus rigoureux	10 11		foyers	
I	Refroidissement graduel avec assèchement progressif	12 13		harpon à 1 rang, restes humains	11120 ± 190
J		14	Magdalénien IV	sol aménagé	11490 ± 300
K	Frais	15		sol empierré	
L	très	16		harpon rudimentaire à 1 rang	
M	humide	17			
N		18		diffus	
O	Froid			apparemment stérile	

Quelques coups de pioche dans la zone centrale de l'abri et c'est bien vite un festival de découvertes, silex taillés bien sûr, mais aussi nombreux objets en os ou en bois de renne, restes fauniques et plus rarement humains, objets d'art; l'un d'eux exécuté au burin de silex aura, nous l'avons vu, pour l'avenir de la science préhistorique une importance capitale: un mammouth gravé avec force détail sur ivoire du même animal, non fossilisé; l'artiste avait à l'évidence côtoyé l'animal.

Cette œuvre d'art moulée à des dizaines, à des centaines d'exemplaires fut envoyée à tous les musées... Cette véritable campagne publicitaire contribua assurément à la renommée du gisement périgourdin qui livrait par ailleurs des industries similaires à celles déjà récoltées dans les Pyrénées, à Gourdan, Lortet, etc. Et Gabriel de Mortillet de proposer le terme Magdalénien plutôt que Gourdanien ou Lortétien... pour une fois!

C'est quelques décennies plus tard que nommé instituteur à Tursac en 1909, Denis Peyrony commence par évacuer à la brouette près de 1 400 tonnes de terre remaniée. Dans les secteurs bien en place, il définit une première stratigraphie d'après la couleur, la matrice et la texture des sédiments:

- à la base, un sable terreux d'inondation, contenant des «ébauches» de harpons en bois de renne;

Bilan synthétique des fouilles de J.-M. Bouvier à la Madeleine (Tursac)

Ce tableau illustre les localisations stratigraphiques et les relations climatiques des faits humains marquant l'évolution industrielle du Magdalénien supérieur.

- au-dessus, une couche très brune, composée de nombreux éléments calcaires de taille hétérogène: la couche à harpons vrais, à une rangée de barbelures;

- enfin, une couverture irrégulière d'éboulis contenant les harpons à deux rangs de barbelures.

Cette évolution remarquable de l'industrie osseuse (qui supplante pour la première fois celles des produits lithiques) est utilisée par Breuil pour jeter, au congrès de Genève en 1912, les bases des subdivisions du Paléolithique supérieur et, à l'intérieur de celles-ci, du Magdalénien supérieur (phases IV à VI).

Laugerie-Basse Carte p. 9, 10
Les Marseilles Carte p. 9, 9

Aux Eyzies mêmes, la falaise de Laugerie-Basse, et plus particulièrement l'abri des Marseilles fouillé par Label et Maury entre 1912 et 1920, fournit une séquence équivalente, voire plus complète: la couche V recèle en effet du «Magdalénien III» qui concluait la stratigraphie de Laugerie-Haute. Comme à la Madeleine, les niveaux regorgent d'extraordinaires exemples d'industrie osseuse, d'objets d'art mobilier, de blocs gravés ou peints qui pour beaucoup d'entre eux prennent le chemin de la capitale.

L'intermède guerrier de 1914-1918 donne un coup d'arrêt aux recherches. Tout entier tendu vers sa reconstruction, le pays manque de financement pour les publications scientifiques. Celle de la Madeleine ne peut être envisagée avant 1925. Il y avait lieu de vérifier quelques détails pour soutenir une mémoire déjà fort encombrée de trouvailles... et ce sera la fouille de contrôle de 1926, dont le succès va bien au-delà des résultats attendus. En effet, incontestable, méticuleusement fouillée de surcroît, la sépulture d'un enfant datant du Magdalénien IV (peut-être V?) témoignait de l'attention et sans doute de l'amour qui avaient été portés au jeune défunt: le corps était entièrement paré de coquillages en bracelets, anneaux de cheville, plastron et même bandeaux. Publiée en 1928, cette sépulture demeure l'une des mieux documentées à ce jour.

Sur le terrain, pour l'heure, la nature reprend ses droits. Forte d'un cadre typologique admis de tous, l'archéologie paléolithique passe plusieurs décennies dans un confort intellectuel assez émollient.

C'est à partir de 1960 que, sous l'impulsion de François Bordes, l'Institut du Quaternaire de Bordeaux développe des méthodes d'approche très novatrices et initie la recherche paléoenvironnementale appliquée à la fin de l'ère glaciaire. On mesure immédiatement l'intérêt d'une telle démarche abordant le problème des relations entre variations climatiques et mutations culturelles, qui dépassera d'ailleurs le cadre du Magdalénien.

Les deux grands sites classiques périgourdins pour cette période sont bien sûr mis à contribution pour renouveler l'étude du «Tardiglaciaire» (Magdalénien III à VI).

A Laugerie-Basse (les Marseilles), une rectification de coupe doublée d'une étude sédimentologique suggère le cadre suivant:

- couche 5, climat froid et sec correspondant au Magdalénien III (daté au carbone 14 de 13 850 ± 160 BP);

- couche 4, climat plus humide et tempéré correspondant au Magdalénien IV;

- couche 2, retour au froid sec lors du Magdalénien V;

- couche 1, période froide mais plus humide (Magdalénien VI);

A la Madeleine, les fouilles de Jean-Marc Bouvier (1968-1972), encore incomplètement publiées, mettent néanmoins à notre disposition un résumé des résultats acquis: Henri Laville a repéré au cours de cette ultime phase glaciaire huit oscillations climatiques sur les dix connues. Françoise Delpech vient d'y corréler les données de la paléontologie dans une récente synthèse.

Le véritable âge d'or des magdaléniens commence avec l'amélioration climatique de Bölling (13 300 - 12 500 BP). Durant près d'un millénaire s'instaure un parfait équilibre entre la grande faune et son milieu: ce dernier reste ouvert, le boisement devenant suffisant pour satisfaire aux besoins humains en matières premières (bois de chauffe et d'œuvre) sans jamais constituer un obstacle au déplacement des populations. De fait, la colonisation humaine semble s'étendre à de nouveaux espaces, favorisée sans doute par l'abondance du grand gibier.

Quelques espèces forestières comme le cerf, mais surtout le grand sanglier, prolifèrent dans les plaines ou les plateaux herbus. L'antilope saïga en revanche, préférant des conditions plus rigoureuses, se replie en altitude et n'est plus guère présente que sur les hautes terres du Massif central... Elle ne constitue plus le gibier de prédilection des populations du Magdalénien supérieur.

Cette période d'étroite symbiose entre le milieu, les animaux et l'homme sera de courte durée. Vers 12 300-12 500 BP s'amorce un nouveau refroidissement du climat. Bien que modéré en apparence d'après les données des études paléoenvironnementales, il suffira de quelques siècles pour que s'amorcent des bouleversements irréversibles: la grande faune pléistocène disparaît et l'équilibre avec le milieu ambiant est désormais rompu au Dryas II. Des conditions contraignantes entraînent une concurrence biologique sévère entre les groupes fauniques et l'arrivée de nouveaux arrivants, qui obligent les premiers à abandonner le terrain.

C'est dans un tel contexte que semble poindre une nouvelle relation avec les conditions climatiques. L'évolution présumée de l'outillage, notamment osseux, ne paraît pas servilement soumise au cadre chronologique défini par les interactions du climat. Loin d'être inféodés aux aléas d'une météorologie fluctuante qui, modifiant la faune et la flore dont ils tiraient leurs ressources, auraient fait chanceler un équilibre précaire, les magdaléniens ont certes composé avec le milieu, c'est une évidence; mais ils ont su faire preuve de suffisamment de dynamisme pour s'affranchir des contingences du milieu naturel. Demeurant prédateur, sans accéder encore au stade de la production, l'homme magdalénien commence à «domestiquer» la nature, préfigurant les futurs modes de subsistance des sociétés ultérieures. De plus, l'apparent accroissement de la population dont l'activité n'est plus tout entière tendue vers la simple subsistance – il suffit pour s'en persuader d'embrasser la totalité de la production artistique des magdaléniens – montre à quel point ces ancêtres nous ressemblent. Le Magdalénien mérite, plus que d'autres, la qualification de première des grandes «civilisations de l'Europe».

La «vie quotidienne»

Le foyer, au-delà de l'évidente fonction sociale qu'il assume, de sa chaleur et de sa lumière, de la protection qu'il assure contre les éléments, voire les fauves, constitue le centre névralgique de l'habitat, point de rassemblement, noyau des activités domestiques. Il favorise le travail de nombreuses matières premières: os, roches dures à l'occasion, et détermine assurément l'endroit où se prépare la pitance quotidienne. Alimenté en bois végétal, mais aussi quelquefois, en période de pénurie ou dans les zones arides, avec de l'os, le foyer remplit diverses fonctions correspondant chacune à un aménagement particulier. Souvent réduit à sa plus simple expression, simple aire de combustion, il peut présenter des aménagements complexes, fréquents au Paléolithique supérieur. Ceinturé de

grosses pierres, c'est un calorifère-type dont les différents éléments emmagasinent la chaleur pour la rediffuser ultérieurement. Amoncellement de galets rubéfiés, fragmentés (foyer solutréen de Laugerie-Haute), il s'agit probablement d'une structure destinée à faire bouillir de l'eau contenue dans une outre: les quartz sont portés au rouge puis plongés dans l'eau, les galets ainsi «étonnés» ayant tendance à se disloquer, mais permettant l'ébullition de plusieurs litres d'eau en quelques dizaines de minutes. Si les structures de combustion antérieures à 40 000 ans sont souvent sujettes à discussion, l'homme moderne a su développer de nombreux aménagements et découvrir très tôt la perfection fonctionnelle des «fours polynésiens».

Plus simplement, lorsqu'elle n'était pas consommée crue, la viande pouvait ainsi être bouillie, rôtie, grillée... Les ossements brisés livraient leur moelle ou, placés dans l'eau chaude, un bouillon gras, de la gélatine, etc. avant de finir au feu. Ce travail de concassage en diverses dimensions explique bien l'abondance d'esquilles ceinturant les foyers paléolithiques.

Quelques rares exemples, postérieurs, laissent envisager des techniques de fumage en vue de la conservation d'aliments dont on retrouve ensuite les preuves indirectes, des vertèbres de saumons par exemple fort éloignés de leur lieu de capture.

Structurant l'espace domestique de l'abri ou de la hutte, le foyer fixait également les diverses activités artisanales indispensables à la survie et en tout premier lieu la préparation des armes de chasse, et peut-être des poisons.

La généralisation du propulseur utilisé au Solutréen et surtout au Magdalénien, l'invention contemporaine possible de l'arc (dont les traces archéologiques directes sont postérieures) dotent l'homme préhistorique de nouvelles possibilités: la portée, la puissance et la précision des traits étaient notablement accrues mais, paradoxalement, augmentaient les risques de dégradation, voire de perte pure et simple des projectiles... Quel archéologue n'a jamais trouvé pour une pièce entière (sagaie en bois de renne ou pointe à cran solutréenne) 10 ou 20 fois plus d'armatures cassées?

Propulseur gravé et sculpté de la Madeleine

L'invention de cet engin améliorant sensiblement la puissance d'une sagaie remonte au Solutréen, mais il ne devient fréquent que plus tard et porte souvent de très beaux décors (ici une tête de cheval stylisée).

Foyer solutréen de Laugerie-Haute (Les Eyzies-de-Tayac)

Ce foyer parfaitement conservé dans les couches solutréennes du gisement ouest a été prélevé dans son intégralité pour être exposé au musée national de Préhistoire des Eyzies.

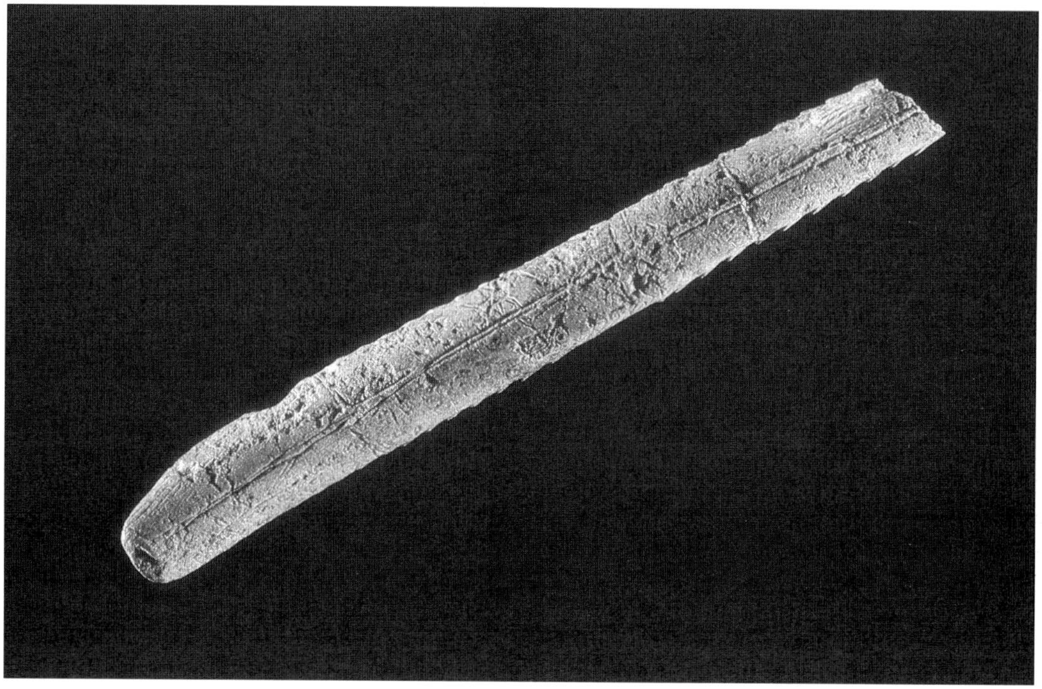

Les hampes de bois, jamais conservées sous nos latitudes, étaient sans doute aussi précieuses que les pointes et fréquemment réparées. Les armatures elles-mêmes, quelle que soit leur matière, pouvaient éventuellement être retaillées, raccourcies et réappointées. L'ébauche, une baguette brute en bois de renne étant naturellement courbée, devait être redressée à chaud au bâton perforé après trempage... Chassez le naturel et il revient au galop: durant leur enfouissement, après leur abandon, les sagaies ont souvent tendance à reprendre leur courbure naturelle, ce qui explique l'aspect actuel des grandes sagaies de Lascaux. L'armature était ensuite assujettie à la hampe par collage à l'aide d'une résine ou d'un mastic semblable à celui des lamelles de Lascaux, miraculeusement conservées, avant d'être renforcée d'une solide ligature.

Autre constituant essentiel du projectile, l'empenage est indispensable à la stabilité en vol et à la précision. A Combe-Saunière, où abondent les pointes à crans solutréennes, les fouilles de Jean-Michel Geneste ont exhumé en abondance des ossements de harfang des neiges. L'oiseau n'a pas été consommé: seules ont été rapportées au camp les extrémités des ailes qui précisément portent les grandes rémiges, à l'exclusion de tous les autres ossements d'un oiseau au demeurant assez peu comestible.

Combe-Saunière
Plan p. 2

Fort de cet arsenal performant (une sagaie d'environ 200 g avait une portée utile de 30 à 40 m, voire davantage), le chasseur pouvait s'attaquer au gibier convoité et se défendre de quelques gros animaux éventuellement combattus à l'épieu. La technique de chasse même, adaptée à chaque gibier, laissait assurément une large place à l'affût, à l'approche, au rabattage, au tir individuel ou à la salve de groupe, et à toute pratique collective. Il y a par ailleurs gros à parier que la capture de proies très diversifiées faisait largement appel au piégeage: fosse, assommoir, piège à fil, etc., dont les hommes préhistoriques maîtrisaient à l'évidence la technologie de base comme le suggèrent les fragments de corde végétale tressée de Lascaux. Au terme d'une par-

Pièce à fines barbelures du Flageolet (Bézénac)

Interprété comme fouëne, cet objet en bois de renne constituerait dès lors le premier instrument de pêche réellement spécifique.

tie de chasse, l'animal cloué sur place ou achevé après une longue traque que pouvait faciliter l'emploi d'armatures barbelées détachables (les fameux harpons, qui n'ont jamais été des engins de pêche) était rapporté entier au camp ou plus souvent dépecé et découpé sur place. Les bas morceaux (squelette axial) étaient éventuellement abandonnés ou enfermés dans une cache à viande que la rigueur du climat transformait volontiers en un «congélateur de campagne» (comme le suggère la découverte du Tas-de-Beaufort).

Outre les herbivores classiques (renne, bison, aurochs, cheval), il faut peut-être imputer à une réelle poussée démographique, donc à la nécessité d'une exploitation plus poussée et plus rationnelle du biotope, l'intérêt des magdaléniens pour le petit gibier, y compris les oiseaux et poissons, qui transparaît dès lors dans l'art pariétal et mobilier.

Activité d'appoint très occasionnelle en Périgord dès les origines (grotte Vaufrey), la pêche est sporadiquement pratiquée par les néandertaliens. Les premiers *sapiens* paraissent également avoir amélioré leurs menus de quelques brochets et saumons (abri Pataud), mais leur préférence demeure incontestablement, du moins à la lumière des vestiges archéologiques conservés, aux grands mammifères. Néanmoins l'entrée du thème du poisson dans l'art pariétal (abri du saumon de Gorge-d'Enfer) atteste désormais une réelle convivialité de l'homme et de la faune aquatique.

Connaissant un large essor au Magdalénien, l'exploitation du milieu dulçaquicole relève à l'évidence de diverses stratégies. Peut-être focalisée un temps sur certaines espèces, la pêche ne tarde pas à exploiter également tous azimuts l'ichtyofaune des rivières périgourdines, et ce à diverses saisons (Pont-d'Ambon). Elle revêt enfin, à la fin du Magdalénien, une importance particulière puisqu'elle conduit à l'invention d'un outil très spécifique, la fouëne, dont les premiers exemplaires morphologiquement parfaits datent, comme les «pseudo-harpons», du Magdalénien supérieur (le Flageolet, Laugerie-Haute, etc). L'étude des vestiges osseux de poissons, de leur image dans l'art pariéto-mobilier, comme des ustensiles de pêche (souvent présumés), montre en tous cas comment l'homme n'a nullement négligé d'exploiter le milieu aquatique... Il est vrai que ce dernier lui offrait, moyennant une technologie légère et beaucoup d'astuces, un garde-manger bien rempli et accessible sans grand danger.

Pont-d'Ambon
Plan p. 2

Le milieu maritime exerce également un réel attrait sur les premiers Périgourdins, au moins à partir de 15 000 ans BP. De nombreux produits typiquement marins, tels les coquillages aménagés en parure à usage éventuellement funéraire, sont transportés sur des distances importantes, 200 kilomètres ou plus séparant le littoral du lieu de leur découverte.

Les chasseurs nous avaient habitués à des déplacements d'ampleur variable pour la collecte de diverses matières premières, silex de qualité en tout premier lieu. Le ramassage du bois d'œuvre ou de chauffe s'effectuait à proximité des cours d'eau où une «forêt-galerie» pouvait subsister durant les périodes froides. Par ailleurs, rayonnant autour de leur camp de base, les hommes s'efforçaient de constituer des stocks de diverses denrées alimentaires, mais aussi utilitaires (bois de renne, pierres dures, colorants, etc), le plus souvent sous forme de produits finis (lames) ou semi-finis (nucléus épanelés), abandonnant leurs déchets sur les lieux d'extraction.

S'il est aisé de mesurer la distance parcourue par un tel objet, il demeure impossible de savoir si le voyage fut le fait d'une seul individu ou le résultat de plusieurs opérations de troc, éventuellement échelonnées dans le temps. Ces échanges attestent en revanche l'existence de véritables voies de communication, empruntant généralement les vallées. Ils ont pu, vraisemblablement, constituer les vecteurs d'engagements sociaux entre des entités de taille et de nature diverses selon les lieux les périodes, les saisons...

Les marges: territoires périphériques et implantations magdaléniennes saisonnières de la vallée de l'Isle

De même que certaines oscillations climatiques contrastées ont largement conditionné l'implantation des populations préhistoriques en Europe, limitant par exemple leur expansion septentrionale ou déclenchant des mouvements à grande échelle, de même le rythme des saisons a pu exercer une influence considérable sur la fréquentation des territoires de chasse.

C'est au docteur Jean Gaussen que revient le mérite d'avoir attiré l'attention sur les habitats de surface qui jalonnent la partie terminale de la moyenne vallée de l'Isle, à une cinquantaine de kilomètres au nord-ouest du foyer paléolithique des Eyzies. Ces structures allaient révéler des aménagements indiscutables dont les plus spectaculaires consistent en pavages de galets, rapportés à grand-peine du lit de la rivière, matérialisant au sol des «aires d'activité» aux formes régulières, géométriques, bien qu'aucun trou de poteau ou foyer construit ne vienne en conforter l'organisation. En 1980, Gaussen pouvait faire état d'une quinzaine de sites importants, localisés dans un rayon de quinze kilomètres aux environs de Saint-Astier, Mussidan, Neuvic-sur-l'Isle, couvrant la vallée au sens large, les terrasses comme les collines alentour. Depuis, ce corpus s'est considérablement accru (plateau Parrain, la Jaubertie, Lacaud, etc.), témoignant d'une densité d'occupation d'autant plus remarquable qu'elle ne correspond pas, de l'avis même de l'inventeur, à un domaine géographique circonscrit et aurait toutes les chances de se retrouver sur une plus grande échelle spatiale.

Strictement limité au domaine lithique, le mobilier archéologique indique par sa typologie un Magdalénien assez éclectique tandis que le débitage, pour le moins inattendu, passerait volontiers pour un Paléolithique moyen dans un autre contexte. Selon les proportions d'outils, l'âge estimé de ces stations oscille entre un Badegoulien «0», semblable à Laugerie-Haute (couche 18-20) pour Guillassou, et une phase beaucoup plus récente, riche en lamelles à dos pour Caillade (commune de Sourzac), transitant logiquement par un stade moyen assimilable au «Magdalénien III» de Laugerie-Haute au Solvieux ou à Plateau-Parrain. Solvieux Plan p. 2

Ces assemblages industriels, généralement ménagés sur silex d'origine locale ou alluviale, diffèrent considérablement selon les lieux. Par leur nombre tout d'abord: deux burins en tout et pour tout dans la cabane n° 1 du Breuil contre des milliers de pièces au Solvieux... Il va de soi que nous ne sommes pas en présence du même type d'occupation. Dans le dernier cité, une séquence stratigraphique se développe du Moustérien au Magdalénien et montre la constance du choix humain pour ce lieu que rien, *a priori*, ne différencie des autres emplacements. Au contraire des sites du Breuil (trois cabanes contemporaines (?) très pauvres en objets), du Cerisier, du Mas-de-Sourzac, qui constituent ce que Jean Gaussen a dénommé «gisement élémentaire», et qui témoignent d'une occupation temporaire strictement limitée à un groupe humain autour d'une activité spécifique.

On mesure là tout l'intérêt de ce type de gisement en vue des reconstitutions palethnographiques. Dans l'état actuel, la

non-conservation de la matière organique, l'absence d'étude microtracéologique peu envisageable dans un tel contexte (risque de traces parasites et patine générale de l'outillage) limitent sérieusement les hypothèses. Il reste une voie, justement tentée, celle de la comparaison ethnographique fondée sur la forme, la dimension des structures à galets et un peu de logique. Ces pavages, quelquefois très denses (jusqu'à 130 gros galets au m^2), manifestement agencés par la main de l'homme à partir d'éléments transportés sur une distance notable, ou vestiges d'une autre activité (nombre d'entre eux portent des traces de rubéfactions antérieures), récupérés et réutilisés sur place, furent probablement conçus, selon l'opinion de leur inventeur, pour isoler le fond de cabane de l'humidité ambiante, hypothèse qui nous situerait volontiers lors d'une période de dégel... au sortir de l'hiver.

Quelles activités peut-on déduire de ces gisements? La présence quasi systématique de raclettes et burins suggère le traitement de matières organiques, et celle d'un outillage plutôt fruste une activité de transformation et de productions matérielles mieux finies... Des traces de feu éparses sur les objets, des fragments de colorants demeurent assez énigmatiques, ainsi d'ailleurs que la présence de manifestations artistiques et de lampes remarquables que l'on attendrait davantage dans un contexte de sanctuaire. Le fameux bloc de silex cortical de Solvieux, gravé de plusieurs pattes de cervidés, aux sabots arrondis, rappelle immanquablement à tous les spécialistes de l'art pariétal les conventions stylistiques repérées à Lascaux.

Concurremment, d'autres remarquaient dans la grotte ornée de Gabillou, toute proche, des figurations de signes pariétaux jusqu'alors étroitement concentrés dans la vallée de la Vézère (Lascaux, Font-de-Gaume, etc.) distante de 60 kilomètres... Des chasseurs magdaléniens, qui auraient quitté leur camp de base de la Vézère au sortir de l'hiver pour traquer les grands herbivores, plus à l'aise dans les paysages ouverts de la vallée de l'Isle que sur les coteaux du Sarladais, et transporté «les objets du culte» indispensables à leur activités saisonnières auraient ainsi laissé des traces équivalentes...

Gabillou
Plan p. 2

Font-de-Gaume
Carte p. 9, 21

Fond de cabane du Breuil (Neuvic-sur-l'Isle)

Cette structure à galets attribuée au Magdalénien comportait un mobilier archéologique très pauvre: un seul outil, un burin, a été retrouvé au sol.

HOMO SAPIENS VU PAR *HOMO SAPIENS*

Homo faber, *Homo erectus*, *Homo sapiens* enfin, notre ancêtre artisan bipède se prend désormais à penser. Non pas qu'il n'ait fait antérieurement la preuve de ses immenses capacités intellectuelles: les progrès technologiques évoqués sont là pour en témoigner et ne peuvent être simplement réduits à une adaptation perpétuelle à un environnement changeant. Tous présentent en revanche un caractère indéniablement fonctionnel, utile à la survie d'abord, au bien-être enfin.

Avant Néandertal, les traces d'actes «gratuits ou non directement utilitaires» se comptent, dans l'état actuel de nos connaissances, sur les doigts d'une main. Avec les premières préoccupations métaphysiques qui transparaissent dans l'inhumation soignée des morts, dans l'usage apparent des colorants, dans l'érection de structures énigmatiques, ces premiers actes constituent peut-être la base d'une «expression symbolique». Le domaine de la danse, de la musique, du chant dont l'existence est fortement envisageable, se montre avare de traces archéologiques, postérieures au demeurant.

Le champ graphique, en revanche, apparaît confiné aux matières que le temps n'a pas englouti. A côté de l'os
Pech-de-l'Aze
Plan p. 2
incisé du Pech-de-l'Aze, et plus récemment de la plaquette de grès gravée de Cosnac (Castelperronnien), l'homme a pu laisser libre cours à sa créativité graphique sur bon nombre d'autres supports, bois, écorces, à jamais disparus. Mais l'art de la gravure ou de la sculpture pariétales entre autres, susceptible de s'être conservé, ne semble pas connu avant l'homme moderne qui en assume seul la multiplication. De fait, les populations du Paléolithique récent nous ont laissé, à partir de 30/35 000 ans en France, d'émouvants témoignages de leur culture spirituelle dont la production a, malgré son extinction il y a plus de dix millénaires, traversé les siècles.

Une fois passé le choc émotionnel, l'émerveillement devant de telles splendeurs se renouvelle pour chaque cavité; quelle que soit la dimension, le nombre des œuvres qu'elle recèle, le profane ou le spécialiste en retient d'emblée une impression d'homogénéité: l'iconographie est à l'évidence animalière, du moins pour les images qu'il est aisé d'identifier dans l'instant. En contemplant plus en détail, on discerne rapidement la diversité des techniques mises en œuvre, peinture, gravure, sculpture, polychromie, bien souvent en parallèle. Côté stylistique, on s'aperçoit bientôt, y compris dans une même cavité, de similitudes ou de différences avant de pouvoir envisager une possible évolution.

L'art de la perspective, par exemple, fait appel à plusieurs artifices: les profils animaux, diversement figurés (perspective «tordue», absolue, normale...) affichent souvent une réelle recherche de profondeur magnifiquement rendue dans

le traitement «en réserve», c'est-à-dire avec interruption du tracé des membres au second plan. Les scènes de comportement, les attitudes particulières sont moins rares qu'on a bien voulu l'écrire (cheval cabré de Lascaux, mammouth à trompe roulée de Rouffignac). L'évocation des mouvements dynamiques adapte un «subterfuge de dessin animé» en proposant sur une même image plusieurs tracés subparallèles des membres ou de la tête qui pourraient passer pour un repentir (Teyjat). L'apparente organisation des figures en scène narrative (file, affrontement, troupeau) oppose au réalisme de quelques figurations le schématisme des suivantes, tandis que l'impression de composition de certains panneaux pariétaux traduit peut-être l'ordre de réalisation, les animaux périphériques, plus petits, ayant peut-être été dessinés en dernier, là où il restait de la place...

Rouffignac
Carte p. 8

Teyjat
Plan p. 2

Dans le domaine de la thématique, à l'exception de quelques représentations de signes géométriques, l'œil est irrésistiblement attiré par des animaux auxquels il s'efforce de donner un nom. L'opération, souvent facile quand l'image est bien conservée, révèle des thèmes dominants, chevaux, bovidés, puis cervidés, mammouths, rhinocéros, et beaucoup d'autres du lièvre au lion, de l'ours à la belette, en passant par le loup et l'antilope saïga.

L'acte créatif est directement influencé par divers facteurs matériels, nature du support, technique adoptée, elle-même tributaire de l'outil, de la matière colorante, des mouvements nécessaires (amplitude, vitesse, etc.). En art pariétal, le substrat

Bison polychrome de Font-de-Gaume (Les Eyzies-de-Tayac)

Le bovidé, qui fait partie d'une frise ornant la grande galerie de la grotte, constitue le thème dominant de la «caverne aux bisons».

géologique aura son importance: certains reliefs naturels seront mis à profit pour suggérer profondeur ou mouvement; quelquefois, la mauvaise qualité du calcaire (comme le Bajocien dolomitique de Teyjat) contraindra l'artiste à se limiter à un support régulier, mais aussi plus dur, une coulée stalagmitique en l'occurrence, pour exercer ses talents de graveur.

Pour sculpter ou graver, l'outillage en silex plutôt résistant s'avère performant: à côté de burins de toutes formes, de simples éclats tranchants, pointus font l'affaire et nombreux sont les «outils de fortune» réfractaires au classement typologique mais présentant un émoussé caractéristique, à avoir été retrouvés dans les sanctuaires. Dans le domaine mobilier (sur os ou bois de renne) l'efficacité et la précision de simples déchets lamellaires, comme les «chutes de burin», surprennent toujours l'expérimentateur. Des engins beaucoup plus volumineux, sortes de pics en silex souvent nucléiformes, sont exhumés des hauts lieux de la sculpture en Périgord (Cap-Blanc...). A l'opération d'ablation de matière par violent piquetage succédait un travail de régularisation par raclage, égrisage ou polissage, toutes techniques également mises en œuvre pour la préparation des surfaces du futur champ graphique.

Cap-Blanc
Carte p. 8

L'éclat de la peinture polychrome du Périgord fait souvent oublier que cette technique peut ne constituer qu'un simple accompagnement des précédentes: nombreuses sont les sculptures pariétales, les œuvres mobilières ou «semi-mobilières» à avoir été rehaussées de couleur. Quelquefois même, à Gabillou par exemple, un badigeon d'ocre a préparé le support sur lequel se détachent, fines incisions claires, les gravures de chevaux... L'utilisation de peinture seule demeure exceptionnelle dans l'art mobilier (Laugerie-Basse).

Laugerie-Basse
Carte p. 9, 10

Des colorants naturels existent en abondance: charbon végétal d'un noir soutenu, charbon minéral comme à Lascaux, et nombreux pigments minéraux couvrant la palette chromatique: oxyde de manganèse se substituant aux dépôts charbonneux et de teintes similaires, et surtout ce que le sens commun assimile à «l'ocre». De fait, cette argile riche en oxyde de fer est fortement concurrencée par divers équivalents hydratés (limonite, goethite) ou anhydres (hématite, oligiste) pour produire une gamme allant du jaune au brun en passant par l'orange et le rouge. Ces pigments minéraux, collectés dans des gîtes quelquefois éloignés des sanctuaires, se voyaient soumis à divers traitements en vue d'en modifier la structure, la texture ou la nuance. Fréquemment rapportés sous forme de bâtonnets grossiers («crayons»), les blocs de colorants bruts pouvaient être réduits en poudre à l'aide de meules et broyeurs qui en portent encore les traces indélébiles. Chauffée entre 250° et 450°, une limonite jaune virait au rouge et se substituait avantageusement à un pigment déficitaire. Les colorants n'étaient pas appliqués tels quels sur la paroi. A Lascaux, à Niaux (Ariège), comme ailleurs, une charge minérale de quartz, feldspath, talc ou biotite leur a été systématiquement ajoutée selon diverses recettes auxquelles a été donnée, pour les grottes pyrénéennes, une valeur chronologique. L'eau semble avoir constitué le seul liant utilisé.

Les méthodes de mise en couleur ont fait l'objet d'expérimentation diversement concluantes. L'emploi de tampons ou pinceaux en fibres végétales ou en poils a été testé, mais dans bien des cas, c'est l'hypothèse du «soufflage» de matières colorantes qu'il faut retenir. La «nébulisation» à l'aide d'un tube en os ou en bois à travers lequel on souffle les pigments contenus dans la bouche reproduit parfaitement l'aspect vaporeux de certaines peintures. Des tracés plus nets sont facilement obtenus par l'apposition de caches-écrans. Michel Lorblanchet a du reste montré que le soufflage à sec sur paroi humide était relativement facile à maîtriser et beaucoup plus rapide que les autres procédés.

Couplée à un système de pochoir, cette technique apparaît à l'évidence dans les «mains négatives» pariétales: posée sur la paroi, la main était «brumisée» de peinture et apparaissait alors en négatif au milieu d'un nuage de couleur. Ce thème, rare en Périgord (Font-de-Gaume, le Poisson...) est beaucoup plus fréquent en Quercy (Pech-Merle), dans les Pyrénées (Gargas) ou à Cosquer (Bouches-du-Rhône) où il relève, lorsqu'il est effectivement daté, du Périgordien. D'autres types de figurations de mains sont également connus, que celles-ci soient positives (c'est-à-dire enduites de couleur et appliquées sur la paroi) ou «traînées» – et dans ce cas plus spécifiques au Quercy –, c'est-à-dire frottées d'ocre et étalées sur une quarantaine de centimètres. Ces graphismes sommaires s'inspirent peut-être des tracés digitaux, éventuellement antérieurs au Magdalénien, colorés ou sur argile, ces derniers s'approchant du modelage de la glaise rencontré pour l'heure essentiellement dans le domaine pyrénéen (Montespan, Trois-Frères).

A corréler ces éléments thématiques, stylistiques, techniques, l'impression d'homogénéité cède la place à la sensation d'un foisonnement de variables qui se combinent et s'imbriquent, comme saupoudrées en certains lieux pendant des millénaires. Cette pérennité a sans doute constitué le ciment de la présence humaine, des expressions si diversifiées de ses activités, de ses réponses interactives avec l'environnement paléolithique. Dans les grottes du Périgord, au côté de l'animal, l'autre constance en filigrane est avant tout celle de l'homme.

Envisagées à l'origine dans leur globalité, les manifestations traditionnellement appelées «artistiques», qu'elles relèvent du domaine pariétal (peintures, gravures des parois des grottes) ou mobilier (statuettes, objets divers...) n'ont cessé d'intriguer puis d'éblouir le monde scientifique. En marge, elles suscitèrent – et suscitent encore – des débats passionnés, quelquefois houleux, et dont il n'est pas inutile de donner un aperçu échelonné sur près d'un siècle de découvertes et d'études.

Au-delà de l'intérêt historiographique, chacune des interprétations est en effet généralement fondée sur des exemples, des observations, des recoupements précis et n'exclut ni ne confirme aucune autre hypothèse. On en retiendra souvent l'intérêt, la multiplicité, la fiabilité relative, quelquefois l'incohérence, mais chaque parcelle infinitésimale de «savoir» apporte une pierre au gigantesque édifice de la connaissance de l'art paléolithique, fruit du merveilleux foisonnement de l'esprit humain.

Les grandes théories de l'art paléolithique

Après une reconnaissance tardive et difficile, l'art pariétal apparaissait aux théoriciens du début du siècle comme un ensemble à la fois homogène et diversifié. Comme sur les objets, la décoration des grottes, majoritairement animalière, négligeait le monde végétal; visiblement réfractaires à l'idée de représenter l'homme, les artistes, tout en ménageant certaines conventions, adoptaient un parti de réalisme relatif, quelquefois pondéré par l'adjonction de signes géométriques variés, généralement peu suggestifs, mais qui pouvaient évoquer des marques de chasse. Au plafond des cavités, le regroupement des animaux, souvent disproportionnés, quelquefois superposés, enchevêtrés au point d'en rendre difficile la lecture, semblait résulter du hasard, d'une juxtaposition peut-être échelonnée dans le temps produisant un heureux résultat au plan esthétique... On avait bien remarqué quelques «scènes», prélude à l'accouplement, etc., mais jamais très convaincantes... Quant à la datation du rupestre, le problème restait entier et toute tentative était hasardeuse, même si quelques corrélations stylistiques étaient déjà suggérées entre pariétal et mobilier.

Faisant référence à ce dernier, Boucher de Perthes fut le premier à envisager des implications magiques pour des «pierres-figures» qui se révélèrent n'être que des jeux de la nature. Lartet et Christy en admirent volontiers le caractère artistique après la découverte de la Madeleine, mais lui dénièrent toute motivation sinon celle de «meubler les loisirs». Les grands inventeurs de l'art mobilier, Piette, Massénat, Girod, les suivirent en constatant «un goût artistique évolué» dans l'unique but de décorer les outils et les armes. Comme toujours en conflit avec ses contemporains, Gabriel de Mortillet regrettait dans l'art naturaliste une «servile imitation de la nature», mais les rejoignait sur l'absence de sentiment religieux, compte tenu de la non représentation d'êtres surnaturels... On mesure mieux les implications archéologiques de la vague républicaine – et anticléricale – des années 1880-1890... Les quelques humains ou animaux fantastiques recensés pour l'heure étaient mis sur le compte de la fantaisie, une bizarrerie dont on reconnaissait tout de même le droit à nos ancêtres...

A la même époque (1865), Tylor, s'appuyant sur des comparaisons ethnographiques, montra que certaines croyances garantissaient l'action sur l'objet par l'image. Et Cartailhac d'admettre, en 1878, qu'il y avait «des buts et motifs ignorés» et sans doute «autre chose que la preuve d'une merveilleuse disposition artistique». Salomon Reinach, quant à lui, après avoir prôné l'explication d'un art «de luxe sans utilité», y discerna l'expression «d'une religion très grossière mais très intense faite à partir de pratiques magiques ayant pour unique objet la conquête de la nourriture quotidienne». S'il lui fut nécessaire de réviser certaines déterminations spécifiques, les serpents gravés sur bois de renne de la Madeleine devenant des anguilles, la théorie de la magie de la chasse venait de voir le jour. Il la compléta aussitôt par la notion de fécondité, en liaison avec les découvertes du domaine pariétal dès 1900: dessiner l'image des animaux devait favoriser la multiplication du gibier dont dépendait la survie du groupe.

Le principal théoricien de la «magie de la chasse» demeure sans conteste le comte Begouen qui en conforta les bases en 1939. Le système est lié au principe de l'envoûtement, c'est-à-dire à la possibilité d'agir sur l'être vivant. Dans le cas d'animaux indemnes de toute blessure, majoritaires dans l'art paléolithique, c'est l'exécution de la figuration et non l'image elle-même qui aurait eu fonction magique. A l'inverse, on rechercherait la destruction lorsque sont représentés certains grands fauves, *a priori* moins comestibles et quelquefois lardés d'impacts de sagaies..., qui allaient s'avérer être des traces de doigts. Toujours mystérieux, les signes sont interprétés comme des pièges «réalistes» pour le gibier, ou abstraits pour les mauvais esprits, reprenant en cela les idées de Lindner.

L'abbé Breuil, autre spécialiste mondialement connu, se révèle d'emblée un adepte de la «comparaison ethnographique», considérant que «le présent nous instruira sur le passé». En fait, on lui doit des centaines de relevés de peintures et gravures et des dizaines de

publications... parmi lesquelles l'abbé propose, sporadiquement, quelques interprétations particulièrement bien étayées par des exemples précis: observés de par le monde, certains actes précynégétiques relevant de rites complexes chez les Bochimans, les Zunis d'Amérique du Nord ou les aborigènes australiens, se soldent par des expressions figurées (hommes masqués, animaux fléchés ou non) qui traduisent au moins de réels phénomènes de convergence graphique. La fonction «utilitaire» de l'image est ainsi démontrée chez de nombreux peuples chasseurs du globe. Mais il demeure hasardeux d'extrapoler des exemples isolés, si nombreux soient-ils, pour expliquer un phénomène général... La signification de l'art préhistorique peut-elle se réduire à une théorie unique, globalisante, dont la logique s'appliquerait à un ensemble monolithique couvrant 20 000 ans et plusieurs millions de kilomètres carrés...?

Ensemble ou agrégat?

Entamée par Frazer dès 1886, influencée par les travaux de Durkheim et Lévy-Bruhl, remise en vogue par Max Raphaël aux alentours de 1945, l'interprétation par le totémisme souffre du même défaut, son universalisme. Aux origines de la vie religieuse, introduisant la notion de parenté entre l'homme et un animal, le totem constitue un emblème essentiel lié à la notion de clan. Il implique l'interdiction de tuer l'animal sacré, à l'inverse de la «magie de la chasse». A vouloir globaliser, cette théorie est au même titre que les précédentes morte-née, le totem exclusif et spécifique apparaissant en contradiction avec la variété des animaux représentés... dont le nombre, de surcroît, semble curieusement restreint par rapport à l'extrême multiplicité des totems ethnographiques.

Réactualisant ces hypothèses totémiques, Max Raphaël imagina que la pré-

Gravure d'aurochs de la grotte de la Mairie (Teyjat)

Le réalisme très pur de ce couple d'aurochs, peut-être figuré dans une attitude de flairement précédant l'accouplement, est pratiquement unique dans l'art pariétal.

dominance de telle ou telle espèce dans une cavité ornée serait l'illustration de la lutte des clans totémiques. A l'image d'une guerre de colleurs d'affiches qui pourrait expliquer la superposition des figures... Ainsi, Lascaux aurait vu la victoire du clan des bœufs sauvages...

Toutes ces tentatives à connotations ethnographiques ne survécurent pas à la Seconde Guerre mondiale. De nouveaux théoriciens de l'art paléolithique eurent beau jeu de faire un sort à toutes ces hypothèses, s'acharnant plus particulièrement contre «la magie de la chasse ou de la fécondité». Le thème de l'animal blessé, pour être constant, n'en demeurait pas moins extrêmement discret (de 3 à 10 % du bestiaire selon les décomptes), et les gibiers fléchés réalistes plutôt tardifs. Aucun ne rendait compte des animaux composites, des anthropomorphes et encore moins des signes... En outre, le bestiaire figuré ne correspondait guère aux classiques de l'alimentation, renne et saïga étant invisibles sur les parois avant la fin du Magdalénien. Dans un autre registre, celui de la fécondité et du symbolisme sexuel, il était aisé de dénicher dans l'immense richesse de l'ethnographie le contre-exemple aberrant et quelque peu caricatural qui aiderait à alimenter la polémique: une même image, tel le «sorcier de Gabillou», illustrait aussi bien le masque de chasse que la danse du sorcier, et les «ratapas» de Teyjat, connus sous une forme équivalente (d'où leur nom) chez les aborigènes australiens où ils étaient censés féconder la femme, voyaient leur vocation inséminatrice appliquée au monde animal de la préhistoire dans une transposition pour le moins ambiguë...

Gabillou
Plan p. 2

Le comparatisme, dont le mérite essentiel était précisément de témoigner de la diversité des croyances et des rites au sein des sociétés «primitives», commettait un contre-sens qui lui serait fatal... Plaisir gratuit, art de la narration, enregistrement d'événements, pédagogie, envoûtement, sorcellerie et accessoirement magie de la chasse cohabitent dans l'art aborigène sans jamais s'opposer ou s'exclure. A trop abonder dans une direction exclusive, on perdait du même coup le bénéfice de ses enseignements.

Interprétations et acquis récents

Se déclarant volontiers plus scientifiques, Annette Laming-Emperaire et André Leroi-Gourhan allaient, entre 1950 et 1960, s'attacher à maîtriser un corpus, à en dégager des constantes et, de façon beaucoup plus hasardeuse, à en proposer l'interprétation. Leurs travaux ont connu une fortune différente puisque seul le nom du second est réellement passé à la postérité. S'intéressant tous deux à des échantillonnages étoffés et largement interséquents, ils parvinrent à des conclusions radicalement opposées. Dans ce sens, leur mise en parallèle est nécessaire, même si les recherches de Laming-Emperaire précèdent objectivement de quelques années celles du préhistorien probablement le plus célèbre auprès du grand public.

Considérant le contexte stable et définitif de l'œuvre pariétale, Annette Leming-Emperaire introduit un postulat hiérarchique: la sculpture «de plein air» (telle au Cap-Blanc, etc.) ne renvoie pas aux mêmes croyances et rites que les peintures enfouies au plus profond de la terre, dont l'implantation renforce le caractère sacré. Se focalisant alors sur les «sanctuaires de surface» elle en définit plusieurs constantes originales:

Cap-Blanc
Carte p. 8

- au niveau technique, sculptures et gravures profondes nécessitent un travail de longue durée effectué à coup de pics de silex, puis lissé, poli...;
- au plan contextuel, ces lieux sont étroitement liés à des implantations

humaines, même si l'on hésite à les qualifier d'habitat et si leur contemporanéité n'est pas absolument prouvée; il s'agit néanmoins d'enceintes réservées, cantonnées en un point précis, à l'écart de l'habitat à proprement parler (Fourneau-du-Diable), et fréquemment accompagnées d'anneaux taillés dans le roc (Laugerie-Haute, Cap-Blanc, Gorge-d'Enfer, etc.) probablement fonctionnels;

- enfin la thématique, fortement animalière, d'où les signes sont absents (ou effacés) reflète des animaux plutôt inoffensifs, chevaux, bisons, herbivores... et serait donc, de loin, influencée par la chasse. Néanmoins, les associations animales ne sont pas réalistes: dans la nature, un renne ne pâture pas au milieu des chevaux. De plus, c'est presque toujours une impression de paix, d'harmonie qui en émane, exempte de terreur, de violence ou d'animaux blessés. Quatre associations principales paraissent dominer le sanctuaire de surface: cheval - renne - ours (à Teyjat), êtres humains masqués (plutôt à la périphérie du Périgord) mais surtout cheval-bovidé, quelquefois complété d'une image féminine. Il se dégage par conséquent l'impression de quelques «personnages immuables» d'un mythe récurrent très ancien dont l'art paléolithique serait la traduction graphique avec une constance millénaire. Leur stabilité, notamment l'association cheval-bison/femme-bison, est telle qu'elle suggère l'équivalence femme-cheval...

S'orientant ensuite vers l'étude de Lascaux, Laming-Emperaire effectua de judicieuses observations: une réelle originalité de style, sans doute assez cadrée dans le temps, allait de pair avec une organisation des espaces, évidente et diversifiée. La salle des Taureaux, conçue pour «servir de spectacle» à un groupe étoffé, s'opposait au Puits, lieu secret et peu accessible destiné à un ou quelques individus au maximum. Les associations animales sont à interpréter avec prudence, car «plus une espèce est représentée fréquemment, et plus elle a de chance d'être associée de façon accidentelle». Si des thèmes indubitables se font jour, tels cheval/bison, cheval/aurochs ou vache, homme/animal, les animaux des sanctuaires profonds sont à la fois plus variés, mais moins réalistes. La femme apparaîtrait conçue comme source de vie, lien unissant les animaux à l'homme, un homme en tout état de cause souvent misérable, minuscule, au milieu d'un grouillement d'animaux... à moins qu'il ne reprenne de l'importance quand il est représenté, comme un être mi-homme, mi-animal, tel le sorcier de Gabillou...

Le système «Leroi-Gourhan»

Les fondements des théories de Leroi-Gourhan sont formalisés dans trois articles publiés en 1958 auxquels ses écrits postérieurs resteront globalement fidèles, bien que des nuances temporisatrices soient introduites, notamment sur la fin de sa vie.

Le codage mécanographique de fiches maîtrisant 1 386 images pariétales répertoriées en 14 espèces animales révéla d'abord une répartition préférentielle au long des sanctuaires: marquant l'entrée, le fond ou le passage, cerf et surtout bouquetin voisinent aussi avec les animaux localisés en position centrale, tels que mammouth, cheval, bison et bovidé.

Ces deux derniers ont tendance à s'exclure mutuellement, l'un restant à l'écart où l'autre domine. Le cheval peut exceptionnellement apparaître dans le fond des sanctuaires, plutôt réservé à ses hôtes de prédilection, lion et rhinocéros. Reprenant Laming-Emperaire, Leroi-Gourhan montre qu'il y a couplage des grands animaux, dont résulte le thème sur lequel chaque grotte est construite. Des figures d'accompagnement varient

assez largement autour des thèmes plus stables, mais force est aujourd'hui de reconnaître que l'association des grands animaux souffre d'une définition bien vague, et que les conclusions se limitent au constat de proportions excédentaires ou équivalentes pour l'une des espèces de l'association.

S'il arrive au mammouth d'être associé au bison ou au renne (dans 30 % des cas), les ténors centraux jouent généralement en couple en se référant à un échantillon choisi; le cheval, partenaire omniprésent, rassemble sept thèmes de couplage et constitue ainsi l'unité fondamentale de l'association binaire. Leroi-Gourhan en vint à proposer un sanctuaire idéalement composé où le visiteur découvrirait, à l'entrée, des cervidés (différents des rennes) puis une première composition bison/cheval, signe mâle ou femelle, précédant des bouquetins latéraux. Une deuxième composition équivalente à la première serait suivie d'un sujet de fond classique, félin, anthropomorphe ou cervidé/bouquetin...

C'est également à Leroi-Gourhan que revient le mérite d'avoir mesuré à sa façon l'importance des signes pariétaux et leur intégration à part entière dans le message de l'art pariétal. Leur positionnement ne doit rien au hasard et tient compte de leur nature et de leur morphologie. Ponctuations ou bâtonnets sont localisés à l'entrée des sanctuaires, fréquemment suivis de traits en faisceau ou contours inachevés. Des signes élaborés (tectiformes, claviformes, scutiformes ou penniformes) sont inclus dans les grandes compositions centrales. Les aviformes

Un grand aurochs de Lascaux (Montignac)

Les figurations de bovidés affrontés de la «rotonde des Taureaux» sont exceptionnelles par leur taille: elles dépassent 4 mètres de longueur.

quant à eux, très variables au plan morphologique, occupent une position systématiquement privilégiée. Bâtonnets et points réapparaissent au fond des cavités ornées.

Certains signes se regroupent fréquemment par affinité (points par exemple) tandis que d'autres, plus complexes, fuient la promiscuité. Les signes couplés sont déclarés réductibles en deux séries, mâle et femelle, l'argument initial reposant sur l'observation dans les cavernes dépourvues de signes de leur emplacement présumé, qui est alors occupé par une femme réaliste et un animal.

Contre toute attente, la connotation sexuelle des signes pariétaux ressortirait de l'observation de deux œuvres mobilières gravées (Massat et la Madeleine), l'une «d'un réalisme cru» et l'autre «de la plus haute abstraction». Les grottes ornées traduisent alors un système complexe d'équivalence et de correspondance entre homme, femme/bison et cheval selon trois combinaisons:

- femme ou symbole féminin/bison ou cheval,
- homme ou symbole masculin/bison ou cheval,
- signes couplés/bison ou cheval,

qui attestent une légère préférence pour femme ou symbole féminin/bison, homme ou symbole masculin/cheval..., soit l'exact contraire des résultats de Laming-Emperaire.

Certaines observations judicieuses, telles la répartition géographique spécifique de certains signes (tectiformes), l'utilisation préférentielle de la couleur

Chevaux sculptés du Cap-Blanc (Marquay)

Malgré son état de conservation moyen, la frise du Cap-Blanc est le meilleur exemple de sculpture monumentale in situ *du Périgord.*

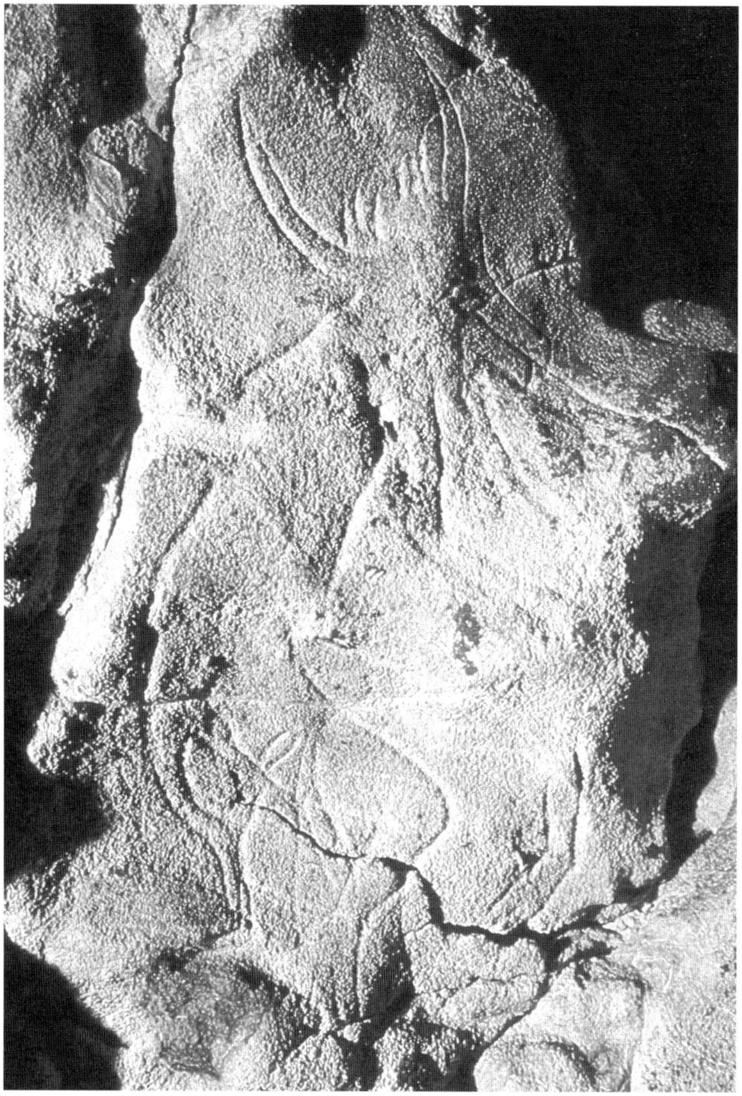

rouge pour leur tracé, auraient gagné à être développées au détriment d'interprétations plus aventureuses conjugant des hypothèses et des statistiques accumulant de faibles probabilités. Peut-être fut-ce là leur chance? Préfigurant les recherches de Georges Sauvet dans le domaine de la sémiologie (science des signes), Leroi-Gourhan avait mis en relief une réelle conventionnalisation des symboles suggérant un comportement presque idéographique. L'art paléolithique, dans une vision expansionniste englobant pariétal et mobilier de l'Atlantique à l'Oural entre 30 000 et 10 000 ans avant notre ère, intégrait donc les signes dans un système représentatif complexe où les figurations animales affectaient un caractère hautement symbolique. Cette idéologie figurative, qui se serait probablement diffusée par contact, conférait théoriquement à l'ensemble une extraordinaire unité du contenu artistique.

Certains thèmes spécifiques allaient

Le «Sorcier de Gabillou» (Sourzac)

Très rares dans l'art pariétal, les représentations humaines sont le plus souvent «bestialisées» par l'adjonction d'attributs animaux, ici une encornure de bison.

trouver une explication particulièrement osée: celui des animaux blessés par exemple, toujours très minoritaires (2 à 3 % des cas), apparaissait dans des compositions dont les signes classiques étaient absents, établissant selon les dires de l'auteur un rapport entre blessure et symbole sexuel... Eventuellement interchangeable, «le symbolisme éminemment mâle de la sagaie intervenant en complémentarité [...] pour exprimer une métaphysique de la mort [...]».

Faire de l'art paléolithique un gigantesque «calembour graphique» n'était pas chose aisée. De sérieuses contorsions seraient nécessaires pour que l'art des grottes accepte de se plier à ce modèle. Ainsi, le saumon mâle de Gorge-d'Enfer se vit-il affublé d'un superbe bison-femelle en pointillé... En cas d'échec, une grotte nouvellement découverte refusant obstinément de faire acte d'allégeance, on pouvait juger de son orthodoxie par rapport au système, à moins que le désaccord entre fait objectif et théorie ne suggérât un itinéraire différent de celui du visiteur moderne... La fiabilité du système explicatif n'était-elle pas à remettre en cause?

Sur la fin de sa vie, s'appuyant sur des formules mathématiques faisant ressortir un assemblage de figures complexes par un dispositif de signes couplés d'inspiration génitale plus ou moins géométrisés, Leroi-Gourhan revint à une conception plus sage. Restaient acquis, pour les scientifiques, la reconnaissance du souci général et manifeste de composition, et la nécessité d'équilibrer les œuvres pariétales par des signes et correspondances au sein d'une binarité d'où n'était certes pas absent le thème de la fécondité, dans une monde où dominait l'animal.

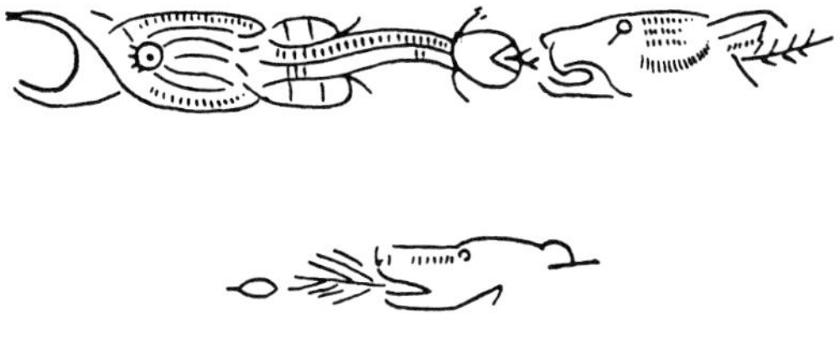

Art mobilier gravé de la Madeleine (Dordogne) et Massat (Ariège)

Choisies par Leroi-Gourhan pour argumenter ses hypothèses, ces deux pièces en bois de renne étaient censées figurer deux ours et des symboles sexuels, l'un réaliste, l'autre abstrait.

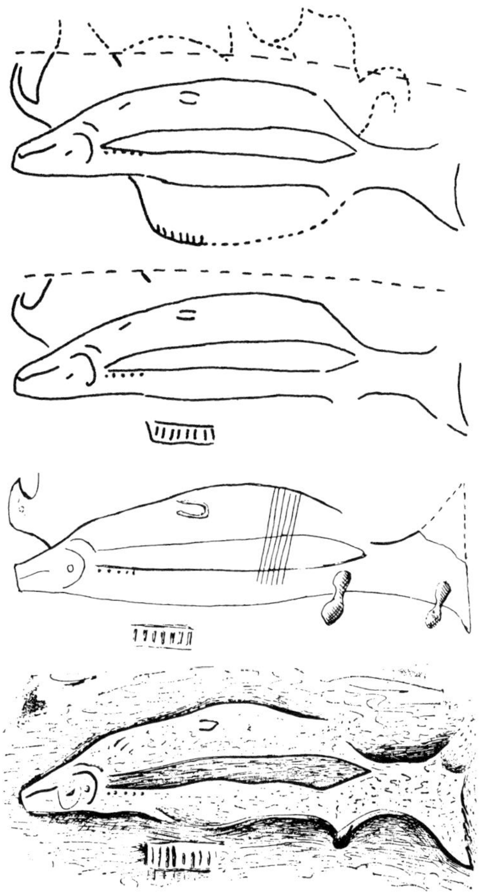

Saumon sculpté de l'abri du Poisson (Les Eyzies-de-Tayac)

Déchiffrement par Breuil (A), Peyrony (B) et Leroi-Gourhan. On remarquera, dans le relevé de Leroi-Gourhan, les pointillés matérialisant le bison qui devait, théoriquement, accompagner le poisson.

EXPRESSIONS SYMBOLIQUES ET ARTISTIQUES

Datation de l'art paléolithique

Autant le débat chronologique paraît sans objet pour l'art mobilier, normalement récolté au sein d'un contexte, d'une couche archéologique et bénéficiant ainsi des mêmes avantages que le matériel qui fonde bien des attributions, autant le problème demeure crucial pour le domaine pariétal. Avant de se lancer dans de nouvelles hypothèses, d'établir des relations, des comparaisons, il semble judicieux de posséder le maximum d'informations objectives... On évitera ainsi de conclure hâtivement, sur la base d'une étude simplement stylistique, de ressemblances subjectives, et d'attribuer aux mêmes groupes limités dans le temps, au même artiste ou à la même école les figurations d'une cavité, d'en évoquer les territoires, les saisonnalités, l'homogénéité d'un ou plusieurs sanctuaires, que de futures datations absolues viendraient remettre en question... Ne nous leurrons pas. Le sens commun reconnaît à Lascaux diverses prééminences, entre autres celle d'avoir été longtemps le seul sanctuaire réellement daté au carbone 14 de 17 010 ± 130 BP, et dès lors rapporté sans contestation possible au Magdalénien ancien.

La complexité de l'origine du Magdalénien et du problème Badegoulien vient d'être abordée. L'affaire est d'autant plus sensible que les termes de la datation de Lascaux sont bien connus: les échantillons de charbon de bois soumis à l'analyse radiocarbone étaient tous de bonne qualité et de dimension suffisante. Prélevés en divers points de la cavité, ils donnèrent les dates suivantes: 15 500 ± 900 BP, 17 190 ± 140 BP, 16 000 ± 500 BP... sans parler de divers résultats qualifiés d'aberrants (entre 7 000 et 9 000 BP) pour des charbons récoltés au pied des peintures et que l'on imagina issus du contexte plus récent qui avait colmaté la cavité (voir *infra*) et «flottés» au cours d'inondations postérieures.

Après avoir éliminé ces intrus indélicats, l'on procéda arbitrairement à une pondération des résultats attribuables au Paléolithique supérieur et l'on obtint la moyenne de 17 010 BP. Jamais l'idée d'une fréquentation durable du sanctuaire ne fut évoquée. Les fouilles de Blanc et Glory avaient pourtant révélé, dans le minuscule espace du Puits, au pied de la fameuse scène, l'existence de deux niveaux archéologiques bien distincts...

Il revient à l'abbé Breuil puis à André Leroi-Gourhan d'avoir proposé des classifications chronologiques globalement cohérentes des figurations pariétales d'Europe de l'Ouest. Toujours usitée, la seconde était conçue dans une perspective évolutive qui manifestait des tendances contradictoires. La géométrisation des motifs, la schématisation s'opposaient au naturalisme croissant des animaux, la complexification progressive des techniques cédant le pas à leur sim-

plification, la miniaturisation du bestiaire (comme à Teyjat) succédant aux macro-représentations animales (les grands aurochs de Lascaux dépassant 4m de long!). Cette chronologie idéale distinguait globalement quatre phases stylistiques (style I, II, III et IV) correspondant grossièrement aux grandes subdivisions du Paléolithique supérieur, Castelperronien/Aurignacien, Périgordien, Solutréo-Badegoulien et Magdalénien supérieur, mais laissant subsister d'importants recouvrements «transitionnels» et d'amples marges d'erreurs... Ces dernières, acceptées sans prise de recul, souvent en réelle distorsion avec le mobilier des grottes ou gisements mieux calés dans le temps, alimentaient ainsi de délectables problèmes d'école. A la décharge du système Leroi-Gourhan, il est utile de rappeler ici qu'il n'existait guère dans les années 1960-1970 de possibilités de s'appuyer sur des méthodes de datation objectives.

L'étude du contenu iconographique (espèces éteintes comme le mammouth, le mégacéros, etc.) fournissait de bien pâles lueurs et rien n'assurait du reste que l'artiste paléolithique n'eût été qu'un photographe animalier avant la lettre... à la mémoire défaillante.

La chronologie relative des œuvres d'une même cavité, prenant en compte les recouvrements, les superpositions, l'implantation de plus en plus profonde, précisait tout au plus un ordre de réalisation. La liaison avec le contexte archéologique, lui-même rarement daté avec précision comme nous l'avons vu, peinait à se satisfaire d'éventuels enfouissements

La «scène du Puits» de Lascaux (Montignac)

D'interprétation délicate, ces figurations constituent peut-être la seule scène réellement narrative de l'art paléolithique.

stratigraphiques fournissant au moins un *terminus ante quem*... La comparaison stylistique qui s'appuyait éventuellement sur l'art mobilier aux attributions théoriquement mieux assurées laissait néanmoins une large place à l'erreur, la plupart des objets étant issus de fouilles anciennes qui se prêtaient mal à une datation absolue, même *a posteriori*.

Malheureusement destructrice de l'échantillon, la méthode du carbone 14, ou son extrapolation moins gourmande en matière à l'aide de l'accélérateur de particules dit «Tandétron», propose une orientation susceptible de répondre à terme aux interrogations actuelles. Les débuts sont prometteurs et l'analyse directe du pigment pariétal, souvent à base de charbon de bois (par prélèvement et datation d'une quantité infime, et invisible, soit environ 1 mg) à déjà été tentée sur une dizaine de sanctuaires franco-cantabriques, dont malheureusement aucun en Périgord. Les résultats concordent approximativement avec les évaluations ou attributions antérieures. Ils gagneraient bien sûr à être multipliés, ne serait-ce que pour réduire les marges d'imprécision (plus ou moins 100 ou 150 ans pour le Magdalénien avec une probabilité de certitude de 60 %, l'écart-type multiplié par 2 ou 3 pour atteindre 90 %...).

Michel Lorblanchet vient de dresser un inventaire des figurations clairement datées. A l'échelon européen, ce sont à peine 11 % des 285 sites d'art pariétal qui ont pu être retenus... «Si l'on dénombre les figures objectivement datées, leur pourcentage s'abaisse avec environ 1 à 2 % du total» (Lorblanchet).

Ces chiffres sont sans appel. Loin des attributions chronologiques antérieures où l'organisation logique, les «théories et idées préconçues compensent l'indigence des faits», 200 siècles d'art pariétal paraissent correspondre à une multitude d'expressions complexes, pour ne pas dire touffues, présentant une évolution de type anthropologique: après une phase primitive, déjà prodigue, un phénomène de buissonnement se serait ramifié en une masse de processus sujets à de soudaines floraisons locales... C'en est bien fini de la linéarité pratique et réconfortante des styles I à IV de Leroi-Gourhan...

Pouvait-il en être autrement de cette expression artistique, éminemment sociale et assurément régie par les règles de groupes humains localisés? L'art paléolithique n'a jamais copié le réel, mais il s'en est en revanche inspiré, l'interprétant au gré des différentes ethnies... Ainsi, au même moment, l'image du bison est-elle différente dans son style, sans doute dans sa fonction, entre les Pyrénées et le Périgord. Et s'il fallait discerner une évolution tout au long de la préhistoire, la tendance au naturalisme par exemple, qui semble évidente, du moins dans une majeure partie des manifestations, l'essentiel est de comprendre qu'elle traduit vraisemblablement un changement de «fonction» de l'art paléolithique. Nous y reviendrons bientôt.

Approche du contexte pariétal: le mobilier archéologique des grottes ornées

Le plus souvent récolté lors de la pénétration déjà ancienne des «sanctuaires», le matériel archéologique des grottes ornées se révèle difficile à étudier. Généralement réduit, du moins pour ce qui nous en est parvenu, il présente *a priori* une grande pauvreté typologique. La description des conditions et du contexte de découverte a fréquemment été négligée par les inventeurs, beaucoup plus passionnés par les figurations que par la banalité apparente de l'outillage.

Compte tenu de la dimension de nombreux sanctuaires, les objets ramassés sans grande méthode ne pouvaient donner lieu à une étude spatiale: ils devaient avant tout confirmer la datation stylistique présumée des œuvres pariétales. Dans le cas contraire, l'absence de synchronie des objets et des œuvres ne dérangeait guère. La distorsion était logique pour un sanctuaire probablement fréquenté pendant des siècles, voire des millénaires. La nature même du lieu n'était guère favorable à l'exhumation de l'outillage classique des activités artisanales et vivrières menées dans les grands habitats contemporains.

Rouffignac
Carte p. 8

A Rouffignac, c'est un gisement mésolithique étroitement localisé au porche de cette gigantesque cavité qui fut fouillé, tandis qu'un sondage au niveau de la résurgence avait révélé des traces archéologiques actuellement inexploitables.

Bernifal
Carte p. 8

A Bernifal, découvert en 1902, les premiers travaux de Peyrony avaient mis au jour un blocage de moellons recouvert de terre de ruissellement, destiné d'après l'auteur à «murer l'entrée pour protéger le sanctuaire de toute pénétration». L'absence de relevé même sommaire incite à la prudence, d'autant que les recherches ultérieures effectuées en 1935 par le même Peyrony ne révélaient aucune couche archéologique, tout juste quelques burins, grattoirs, éclats et ossements de renne ou sanglier.

La Mouthe
Carte p. 9, 20

A la Mouthe en revanche, le porche sérieusement bouleversé par Rivière comportait une séquence stratifiée s'échelonnant du Moustérien de tradition acheuléenne au Magdalénien supérieur, et incluant Castelperonnien, Aurignacien, Solutréen supérieur... Rien en soi qui contredise ou confirme la fréquentation présumée de la cavité du Gravettien au Magdalénien moyen. Quant aux maigres vestiges récemment découverts en place, au pied des figurations de la salle de la Hutte, leur atypisme n'est guère révélateur... Au plan technologique en revanche, la présence de colorants, trop normale pour en avoir justifié l'étude minéralogique, et d'éléments de débitage parfaitement atypiques mais portant des traces d'usure ou d'émoussé, les «outils à graver» en quelque sorte, procurent d'intéressantes informations potentielles...

Font-de-Gaume
Carte p. 9, 21

Font-de-Gaume, qui a bénéficié en plusieurs points de son réseau de fouilles scientifiquement menées à l'occasion des réaménagements du cheminement public entre 1958 et 1968, nous laisse dans les mêmes incertitudes. De nombreux ours semblent s'en être disputé la propriété avec quelques néandertaliens. Plus tard, des traces ténues de passage attribuées grâce à la typologie au Castelperonnien, à l'Aurignacien ou au Solutréen ancien furent décelées par François Prat. Mais, l'occupation principale de la cavité semble bien dater de l'âge du Bronze moyen, d'après les poteries entières à fond plat, de nombreux tessons ainsi qu'une très belle épingle en bronze. Du Magdalénien *stricto sensu*, très peu de traces en place, sinon peut-être un foyer, une gravure sur os d'une tête de cheval et quelques silex émoussés, employés par les artistes, mais bien peu caractéristiques d'une quelconque période...

Combarelles
Carte p. 9, 5 et 4

Qu'il s'agisse des fouilles anciennes de Rivière ou des travaux récents, l'essentiel du mobilier de Combarelles I et II relève manifestement du Magdalénien moyen/supérieur et concorde bien avec la datation proposée pour les gravures. Nous n'insisterons pas sur les éléments recueillis dans le porche par Rivière il y a désormais un siècle: des harpons fragmentaires signaient un Magdalénien récent tandis qu'une rondelle à contours découpés faisait théoriquement pencher vers la phase moyenne... Le mobilier récolté par Jean-Philippe Rigaud en 1968 à l'intérieur de la galerie cette fois-ci, confirme l'attribution au Magdalénien «moyen» à lamelles à dos abondantes.

Deux datations carbone 14 ont été obtenues pour le contexte archéologique: 13 680 et 11 380 ± 210 BP, suggérant comme l'approche stylistique une réelle continuité de la fréquentation.

Attendue, la banalité et souvent la discrétion du matériel lithique ne doivent pas décourager: à Lascaux, Gabillou et Combarelles par exemple elles sont compensées par une industrie osseuse également réduite mais très exceptionnelle. De fait, alors qu'il fallait s'attendre à découvrir les outils en pierre des artistes, le matériel osseux, non adapté à la peinture, à la gravure ou à la sculpture, pourrait remplir une fonction nettement moins utilitaire: offrandes, objets de cérémonie, etc.?

A Gabillou, Jean Gaussen exhuma dans la galerie même, au pied des gravures, quelques rares objets dont les plus remarquables sont des fragments de longues sagaies en bois de renne à rainures longitudinales. Des exemplaires comparables, parfois décorés, furent retrouvés entiers au pied de la scène du Puits de Lascaux, unité archéologique strictement limitée, ce qui permet de les associer de fait aux peintures. Peut-on en déduire un argument chronologique? Probablement, d'autant que ces pièces très originales, de taille toujours conséquente, au décor discret, apparaissent dans d'autres gisements bien stratifiés tels Laugerie-Haute (niveau «Magdalénien III»). Précisons si besoin était encore que ce site est également célèbre pour son art sur bloc gravé, sculpté, notamment d'aurochs... Et c'est ainsi que l'attribution de ces objets variés au

La lionne des Combarelles (Les Eyzies-de-Tayac)

Les figurations de carnivores sont rares dans l'art pariétal périgourdin et souvent confinées dans les parties profondes des sanctuaires.

Magdalénien moyen fit tache d'huile, d'autant plus qu'elle présentait un indiscutable avantage, celui de rester, paradoxalement, assez floue... Tout le monde y trouvait son compte: les lamelles à dos éventuellement tronquées de Lascaux s'accommodaient également d'une attribution à un Magdalénien relativement ancien puisque dépourvu de harpon. Sans être parfaites, ces propositions se contentaient d'une datation absolue, celle de Lascaux – réévaluée dans les conditions que nous connaissons – et n'entrant pas en contradiction avec celles, stylistiques, de Leroi-Gourhan. La révision de la structuration du Magdalénien aurait *a priori* des répercussions limitées dans le domaine de l'art pariétal, traditionnellement réputé indépendant de la stratigraphie...

Les recherches contemporaines aux Jamblancs devaient quelque peu bouleverser l'ordre établi. Rappelons que des blocs gravés de bovidés très comparables à ceux de Laugerie-Haute, découverts dans les déblais des abris, avaient été attribués par Peyrony au Magdalénien ancien II/III (*sic*), seule culture identifiée sur le site jusqu'alors... avant que des travaux mettent en lumière un niveau anthropique passé inaperçu dans le «cailloutis stérile sommital». Or, c'est de cette blocaille que proviennent vraisemblablement les œuvres d'art, associées à une industrie volontiers laminaire et lamellaire et à des sagaies à cannelures longitudinales, dont les dates carbone 14 sont sans appel: 13 850 et 13 970 BP, soit un Magdalénien résolument engagé dans sa phase supérieure...

La «Hutte» de la grotte de la Mouthe (Les Eyzies-de-Tayac)

L'extrême rareté, hormis les signes, des figurations non animalières fait de cette peinture une exception particulièrement remarquable.

Doit-on, compte tenu de ces analogies, proposer au vu du matériel exhumé du Puits de Lascaux une attribution chronologique plus récente de cette scène? Il faudrait en tout cas admettre une longue fréquentation du lieu, commencée au Magdalénien ancien (peut-être avant) et se poursuivant sur des dizaines de siècles... Le fait est que ce mobilier bien spécifique, longues sagaies à rainures et leur matériel d'accompagnement, perches de bois de renne débité, fréquemment associé à des manifestations artistiques, sempiternellement daté par référence à des fouilles anciennes d'une époque mal définie (le Magdalénien III), n'oppose à nos propositions étayées par des datations absolues aucun argument sérieux sinon celui de l'habitude.

Il est enfin un type d'objets essentiellement rencontrés dans les lieux de l'art paléolithique et nommés diversement lampes ou brûloirs. A côté des centaines de simples plaquettes de pierre portant des traces de combustion localisée, comme à Lascaux, des modèles remarquables sont dotés d'une cuvette pour le combustible, d'un manche de préhension et quelquefois de décors géométriques ou animaliers. L'expérimentation menée sur ces objets par divers chercheurs est déconcertante: certains résultats font en

Bloc fragmentaire gravé d'un bovidé des Jamblancs (Bourniquel)

Traditionnellement attribuée au «Magdalénien ancien», cette gravure pourrait bien relever d'un Magdalénien beaucoup plus récent.

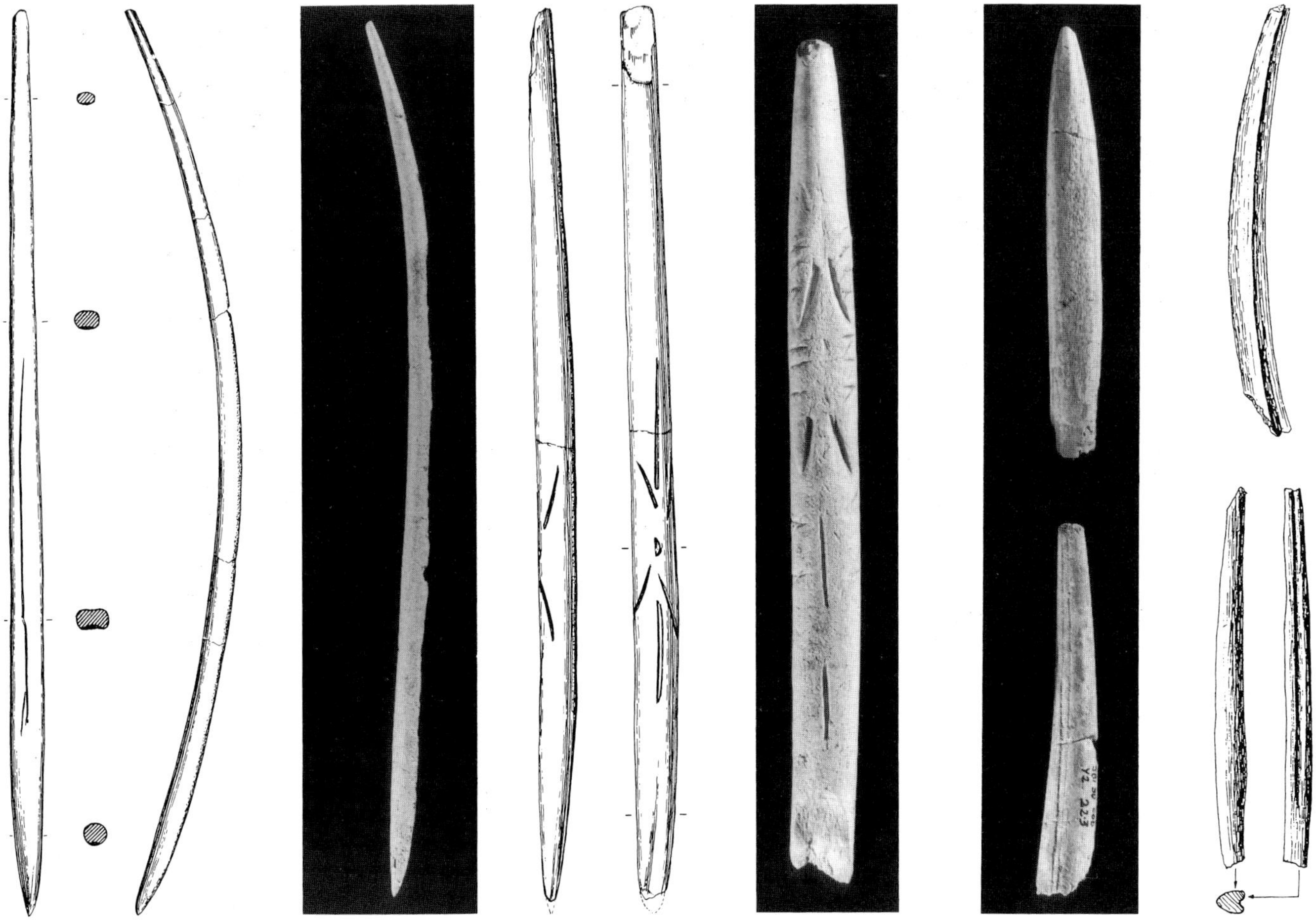

effet état d'une très faible capacité d'éclairement tandis que d'autres suggèrent de meilleures performances. Si l'hypothèse de l'éclairage peut être évoquée, cette fonction devait probablement être complétée par une autre moins utilitaire: des torches de genévrier (dont les charbons abondent à Lascaux) pouvaient en effet procurer la luminosité nécessaire à moindres frais, sans faire appel à des chefs-d'œuvre techniques aussi achevés que les brûloirs de Lascaux, la Mouthe, Laugerie ou Gabillou... Par ailleurs, leur décor géométrique très semblable à celui des célèbres sagaies suggère une autre connotation. A noter enfin, fait exceptionnel, la présence de deux lampes de belle facture dans la grande station de surface de Solvieux où l'hypothèse d'un éclairage d'ambiance en plein air ne peut être retenue. Tout concorde donc: l'absence de traces d'habitat ou d'activités artisanales classiques dans les grottes ornées, la présence au contraire d'un mobilier archéologique spécifique de haute qualité, souvent décoré de signes, un bestiaire non naturaliste, pour faire de ces grottes et abris ornés des lieux particuliers pour lesquels nous garderons, faute de mieux, l'appellation générale de «sanctuaires».

Les sanctuaires préhistoriques

Les conceptions divergent quant à la notion même de «lieux sacrés ou rituels» qui, reflet de la diversité culturelle paléo-

Sagaies décorées en bois de renne (Lascaux, Jamblancs, Laugerie-Haute, Gabillou)

Découverts dans divers sites comportant des peintures ou des sculptures pariétales, ces objets, éventuellement fonctionnels, offrent de remarquables similitudes morphologiques.

lithique, recouvre à l'évidence des réalités bien différentes: doit-on limiter cette appellation aux manifestations pariétales et parler d'ateliers d'art pour les grands gisements pourvoyeurs d'art mobilier, majoritairement liés à l'habitat? Peut-on placer sur le même plan des cavités rassemblant plusieurs centaines de figurations (600 à Lascaux, 800 à Combarelles) et des grottes plus nombreuses, plus confidentielles également, riches de quelques unités artistiques seulement, possibles satellites plus ou moins contemporains des grands centres?

L'acception globale du vocable art paléolithique, l'affirmation de la même iconographie largement animalière nous

En haut

Lampe de Solvieux (Saint-Louis-en-l'Isle)

Déjà exceptionnel dans les sanctuaires, ce genre d'objet l'est bien davantage encore quand il provient, comme c'est ici le cas pour ce brûloir en grès, d'un gisement de plein air.

Ci-contre

Brûloir en grès rose de Lascaux (Montignac)

Découvert par Glory en 1960 au pied de la «scène du Puits», il comportait à l'origine des traces de combustion très nettes dans la cuvette.

incitent à les regrouper, même si d'évidentes différences sont constatées, ne serait-ce qu'entre «sanctuaires de surface» et «sanctuaires profonds».

Les grottes obscures, pénétrées à la lueur de lumières mouvantes, paraissent manifestement plus aptes à inspirer «le sacré» ressenti dans ce lieu privilégié, bénéficiant d'une «fugitivité hallucinante» selon les mots de Denis Vialou.

Concernant le fonctionnement même des sanctuaires, deux hypothèses différentes ont vu le jour. Les vérités, multiples, se trouvent probablement entre les deux... ou ailleurs...

A première vue, l'étude du mobilier archéologique suggère une fréquentation très fugitive, à l'occasion de cérémonies spécifiques (initiation d'adolescents...?). L'implantation de signes souvent répétés, spatialement distribués avec rigueur, témoigne d'une véritable vie des parois ornées par les rajouts, superpositions, adjonctions diverses, et implique une utilisation assez longue de ces monuments.

Certains chercheurs n'hésitent point à parler de graffitis, quelquefois de vandalisme préhistorique à propos de tracés visiblement affectés de reprises, voire victimes de tentatives d'effacement par raclage ou bris intentionnel du support. Il reste que la frontière entre éléments

Gravure de renne de la grotte de la Forêt (Tursac)

Cette figuration de petite taille (15-20 cm), à laquelle il est difficile d'accéder, est généralement attribuée au style IV récent de Leroi-Gourhan, correspondant à un Magdalénien très récent.

parasites et œuvres d'art est bien difficile à établir. Enfin, l'étalement dans le temps de la «période fonctionnelle» demeure difficile à évaluer: une saison ou plusieurs générations?

Il est encore impossible de percevoir la personnalité des intervenants. Certaines œuvres pariétales, extraordinaires par leur maîtrise technique et l'homogénéité de leur style, laissent supposer un artiste unique ou éventuellement un atelier: le maître itinérant de groupes en groupes aurait décliné son art dans une région, entraînant l'apparente uniformisation des œuvres et des styles. Plusieurs maîtres (écoles) ont pu s'y succéder sans que cette hypothèse exclue totalement d'interpréter l'art des signes comme des traces de la fréquentation des fidèles transformant les images peintes en une sorte d'iconographie votive...

Dans plusieurs cas (chatière de Bernifal, la Forêt...), l'acte créatif implanté dans des lieux d'accès difficiles constitue une performance moins technique que sportive et favorise la thèse «individualiste».

Bernifal
Carte p. 8

Dans ce domaine comme dans d'autres, la perception du temps réel ou relatif serait un argument de première importance. Mais l'état actuel de nos sources et méthodes d'information limite singulièrement la prospective.

Lieux de culte, territoires et activités saisonnières

En Vézère, les grands ateliers d'art mobilier périgourdins que sont Laugerie-

Saumon gravé et sculpté de l'abri du Poisson (Les Eyzies-de-Tayac)

Cette photo de détail fait apparaître la mâchoire retroussée du mâle, particularité anatomique assez caractéristique de la période du frai.

Basse et la Madeleine sont d'un abord plus aisé. Ils présentent en effet d'incontestables similitudes avec des sites étrangers apparemment équivalents. Parmi ces derniers, fouillée de façon plus moderne, la grotte du Parpallo (Espagne), avec ses milliers de plaquettes gravées, est considérée par certains chercheurs espagnols comme un habitat hivernal où des occupations cynégétiques réduites auraient favorisé l'intensification des activités sociales. Les gravures correspondraient à l'affirmation d'un système territorial de chasse chaque fois plus spécialisé pour les caprinés. De la même façon, le site de Gonnersdorf (Allemagne), occupé durant la mauvaise saison, surprend par l'abondance de son art mobilier par rapport à Pincevent (Seine-et-Marne), halte estivale par excellence, dépourvue de tout objet décoré... Ces constatations nous incitent à formuler de prudentes hypothèses sur le calendrier annuel des paléolithiques. Les exemples locaux ne les contredisent ni ne les confirment formellement: ainsi peut-on supposer que les rennes paléolithiques estivaient sur les plateaux du Limousin pour hiverner dans les vallées les plus clémentes de l'Aquitaine. Cette «transhumance» ne devait pas échapper aux chasseurs paléolithiques qui pouvaient ainsi mettre à profit leurs déplacements pour compléter leur stock de silex allochtones et qui parsemaient de leurs bivouacs très pauvres en manifestations artistiques les coteaux dominant les vallées (Isle, etc.).

Au camp de base, comme par exemple à la Madeleine, l'occupation se poursuivait toute l'année, plus ou moins densément au gré des saisons. D'après les études récentes (Boyle), malheureusement fondées sur des documents anciens de fiabilité moyenne, le renne paraît y avoir était abattu, en masse, durant l'hiver et au printemps tandis que la chasse du cheval occupait la belle saison, de mai à octobre. Plus difficile sans doute, moins productive, elle donnait lieu à une exploitation beaucoup plus complète des carcasses. Au contraire, la relative abondance du renne, facile à capturer au gué le plus proche (150 m), laissait assurément du temps libre pour exercer des talents de graveur animalier.

Séduisante et prometteuse, l'approche par l'iconographie de la distribution saisonnière des activités humaines (la «saisonnalité»), des effets de celle-ci sur l'organisation des territoires, la répartition des habitats et des sanctuaires requiert une réelle prudence. Si une représentation donnée peut évoquer telle ou telle période de l'année, rien n'interdit en effet de figurer un sapin de Noël pendant les vacances d'été... et l'évocation du temps n'en prend que plus de saveur.

Enchâssé dans le vallon de Gorge-d'Enfer, le saumon sculpté au plafond de l'abri du Poisson revêt une importance capitale. La plus ancienne figuration d'un représentant de la « gent piscicole» – attribuée au Périgordien supérieur, elle aurait 25 000 ans et précéderait de cent siècles toutes les autres – nous apporte un témoignage déterminant sur l'image qu'avaient nos ancêtres du monde aquatique. Symbole d'un milieu *a priori* étranger, sinon hostile, le saumon occupe ici la place centrale d'un lieu qui lui est manifestement consacré, même si d'autres figurations, peintes par exemple, ont pu le compléter en leur temps. Notre poisson possède donc son sanctuaire comme les autres vedettes de la grande faune terrestre, mammouths, rhinocéros et grands fauves, outre les classiques chevaux et bovidés.

L'acte prend davantage de signification si l'on admet que le sculpteur a choisi un animal becquart, cette caractéristique sexuelle secondaire du saumon mâle impliquant souvent la période du frai. Un tel souci du détail révèle que l'homme

connaissait parfaitement l'anatomie du saumon pour l'avoir eu en main. Il fait référence par ailleurs à la saison de pêche, fin automne/début hiver, durant laquelle sa capture est aisée, alors qu'il s'efforce de regagner la mer après la reproduction. A l'évidence, les hommes étaient coutumiers du fait et établissaient leur calendrier d'activités selon le rythme de la nature.

Côté faune terrestre, complétant par ailleurs les informations strictement paléontologiques, la perception des «saisonnalités» de l'art animalier s'avère possible sur une modeste partie du corpus: seuls les cervidés accusent de réelles variations de pelage quelquefois figurées. Avec moins de 25 % du bestiaire, ils sont souvent relégués au rôle de figures d'accompagnement, sauf dans quelques cas hautement significatifs comme à Teyjat. Dans les grandes lignes, l'été est fréquemment évoqué dans les représentations animalières, tant dans l'art pariétal que dans l'art mobilier. En revanche, les proportions s'inversent, automne et hiver plus favorables au monde pariétal, le printemps plus propice au domaine mobi-

Bloc gravé de rennes de la Madeleine (Tursac)

Les figurations des variations du pelage des animaux, seulement perceptibles chez les cervidés, constituent dans bien des cas un indice des «saisonnalités».

lier... comme si la mobilité à la belle saison avait pris le relais de la fréquentation, logique, du monde souterrain abrité pendant les grands froids... Cependant, en tirer des conclusions imprudentes serait admettre que la conception, la fabrication d'un objet d'art sont immédiatement suivies de sa mise en œuvre... et singulièrement réduire la fonction de l'image et de sa pérennité.

La volonté de figurer une époque de l'année n'implique nullement la fréquentation exclusive du site à ce moment précis. Elle n'est qu'une des pistes à explorer et doit impérativement se corréler, comme toujours en archéologie, avec le faisceau d'indications fournies par d'autres approches.

Les hypothèses contemporaines

Dans une publication récente, Michel Lorblanchet, un des spécialistes mondiaux du pariétal préhistorique et grand connaisseur de l'ethnographie australienne, mentionne l'aventure de Neil G. W. Macintosh. Entre 1949 et 1952 furent soigneusement relevées, puis interprétées, des peintures rupestres exécutées par les aborigènes du nord du continent. Interrogés, les artistes, bien vivants cette fois-ci, purent décrire à loisir leurs actes créatifs: 90 % des interprétations archéologiques, y compris celles des figurations claires en apparence, se révélèrent incorrectes... De quoi faire preuve d'un peu d'humilité.

Néanmoins, il demeure parfaitement légitime de se livrer à une étude finement descriptive, à une analyse des données objectives qui ouvrent des voies d'appréhension très novatrices. Une fois bien maîtrisé le corpus d'informations, l'interprétation viendra peut-être d'elle même, plus tard. Ces dernières années plusieurs chercheurs sont revenus sur la notion même d'art paléolithique, vocable dont ils ont proposé l'abandon, parce que traduisant à leurs yeux un concept moderne, une projection actuelle. Quel que soit son contenu, le terme soulèverait par son caractère monolithique des problèmes. L'art paléolithique est, selon Lorblanchet, un patrimoine complexe et mouvant, un réservoir de mythes que se transmettent les générations en les investissant d'un sens nouveau... Expression de la liberté, de la sensibilité humaine, l'art n'implique aucune interprétation particulière...

Si l'on se réfère aux enseignements de l'ethnographie, l'acte de peindre, de graver, de sculpter correspond, en soi, à une participation réelle à la destinée de la société humaine, l'essentiel étant l'action de dessiner et non le résultat, l'œuvre figurée. Bien sûr, dans la mesure où notre appréhension des sociétés préhistoriques est encore très parcellaire, malgré les gros progrès accomplis depuis un siècle, il faut se garder des élucubrations idéalistes et des hypothèses intuitives. L'universalité du phénomène «art paléolithique», dont nous ne possédons du reste qu'une vision tronquée, ne doit en aucun cas, nous l'avons vu, faire le jeu d'une interprétation unitaire. Toute généralisation abusive se révélerait inadéquate pour couvrir la pléthore de conventions stylistiques durant vingt mille ans, relevant de sociétés et cultures matérielles fort diversifiées possédant chacune leur répertoire.

Du reste, l'éventuelle identité de motivations ne conduirait pas aux mêmes productions matérielles ainsi que le montre l'ethnographie comparée. De fait, comme le remarque Denis Vialou, «tout se passe [en préhistoire] comme si les groupes ethniques, dans un paysage culturel relativement uniforme, avaient voulu, chacun, affirmer, symboliser leur conception et leur mythe». Bien plus, selon le même auteur, «les grottes n'obéissent pas à un modèle unique de sanctua-

risation». Si la thématique animalière, globalement prédominante durant le Paléolithique supérieur ouest-européen, révèle effectivement l'aptitude à créer une image, à structurer des formes audelà de la connaissance ancestrale du chasseur, grand observateur de l'animal, une approche de type réaliste du bestiaire représenté aboutit automatiquement à une impasse. A la différence de l'art levantin, plus récent d'ailleurs et coutumier de scènes de chasses incontestables, le bestiaire paléolithique explose d'une diversité symbolique irréductible à une simple extrapolation du milieu environnant.

Henri Delporte et Denise de Sonneville-Bordes ont mis en avant dans leur approche du bestiaire de l'art paléolithique mobilier la distorsion entre animaux chassés et représentés, échantillons culinaires et figurés, notamment d'après les anciens décomptes fauniques de la Madeleine. Mais, outre le fait qu'elle s'appuie sur une approche paléontologique largement périmée pour ce gisement, cette constatation, toujours vérifiable dans le détail d'un site judicieusement choisi, est assez paradoxale puisqu'elle procède d'une notion généralisante: tout en voulant pourfendre la théorie de la magie de l'art, on l'étaye en réduisant l'art à la fonction d'instrument de production.

La révision récente du même mobilier faunique, suggérant une «saisonnalité» de la chasse, témoigne au contraire d'un relatif équilibre entre cheval et renne qui dominent tous deux les inventaires tant du domaine paléontologique que de l'iconographie.

Dès lors, les couples artistiques fondamentaux variables selon les régions, renne-cheval en Périgord, bouquetin-cheval en Pyrénées, renne-mammouth en Allemagne, cerf-bison en Cantabrie espa-

Félin gravé de Laugerie-Haute (Les Eyzies-de-Tayac)

Outre par la technique utilisée (le contour découpé) dont elle serait le premier indice au monde, cette œuvre est également exceptionnelle par sa datation, le Solutréen inférieur, dont elle demeure le seul témoignage artistique attesté.

gnole, ne reflètent-ils pas, à grands traits, les composantes essentielles de la grande faune occupant en alternance un même biotope. Un art paléolithique très fortement tributaire de l'acte cynégétique ne surprendrait guère...

Toutefois, le bestiaire périgourdin privilégie autour de la polarité renne-cheval un certain nombre de thèmes, bison-mammouth à Font-de-Gaume, cheval-mammouth à Combarelles, mammouth seul à Bernifal et Rouffignac, dans lesquels s'introduisent des variables, animaux rares par exemple.

De telles observations incitent à se montrer prudent vis-à-vis de toute élucubration hyper-réaliste et plus encore dans le domaine de la symbolique sexuelle effectivement présente, quelquefois de façon très crue, dans les images préhistoriques. Et certains auteurs de stigmatiser à juste titre (Bahn et Vertut) «le point de vue macho de certains chercheurs de l'art paléolithique et de leur préoccupation pour la chasse, la bagarre, et les filles»...

Art préhistorique et territorialité

L'art animalier, aussi majestueux, aussi considérable soit-il, souffre pour le préhistorien de diverses imprécisions, tel le

Triangles vulvaires gravés des Combarelles (Les Eyzies-de-Tayac)

Quatre symboles sexuels seulement sont figurés à Combarelles au coté de centaines de gravures animalières attribuées au Magdalénien récent.

refus de représenter l'espace ou un quelconque cadrage (absence totale de sol). Les animaux le plus souvent figurés en une sorte de galop volant laissent pour le moins flous et incertains les assemblages, donc l'idée même de composition. Pour attester la puissante charge émotionnelle de l'animal, les figurations réalistes présentent trop de motifs de convergence pour se révéler de bons marqueurs ethniques.

Les signes, au contraire, s'avèrent beaucoup plus performants. A la différence des objets à longue durée de vie ornés d'animaux variés (bâtons perforés...), ceux plus précaires ou à haute probabilité de perte (sagaies, etc.) portent volontiers des décors géométriques de signes abrégés. Mobilier et pariétal se rejoignent occasionnellement comme le montre le matériel de Lascaux, des Jamblancs, etc. Souvent dépréciés par la formule lapidaire d'«entrelacs ou enchevêtrements», les signes pariétaux constituent un domaine encore mal élucidé.

Il convient tout d'abord de ne point les

Aurochs gravé de la grotte de la Mairie (Teyjat)
Il s'agit du deuxième aurochs de la frise déjà présentée page 85, ici le mâle au sexe bien marqué.

Page de droite en haut
Signe tectiforme de Bernifal (Meyrals)
La grotte de Bernifal comporte plusieurs signes tectiformes peints ou gravés sur la paroi, quelquefois incomplets et dans l'ensemble plus sommaires que ceux de Font-de-Gaume.

En bas
Signe tectiforme de Font-de-Gaume (Les Eyzies-de-Tayac)
Une vingtaine de ces signes a été recensée dans la grotte, gravés ou peints, le plus souvent sur la paroi gauche.

confondre avec le résultat d'étapes successives de géométrisation de figures animales dont le poisson, et bien d'autres, offrent des exemples probants avec les fameux «signes pisciformes». Lorsqu'il s'agit bien de signes, ils constituent la preuve souvent très ancienne (antérieure à 20 millénaires), du recours à l'abstraction. Plus tard, au Magdalénien, une quinzaine de motifs (lunules, chevrons...) évoluent dans la région franco-cantabrique. Leur prolifération témoigne sans doute de leur fonction d'idéogrammes soumis à des conventions graphiques anticipant peut-être l'écriture.

Au plan chronologique, une évolution peut, selon Leroi-Gourhan, être discernée au sein du domaine périgourdin, les quadrilatères semblant précéder les «tectiformes», eux-mêmes antérieurs au «claviformes». Néanmoins, les éléments de datation demeurent très succincts et pourraient subir l'interférence d'une spéciation géographique, les quadrilatères semblant plus abondants dans le domaine cantabrique *stricto sensu* et les «claviformes» plus pyrénéens. Ces marques d'une réelle communauté symbolique s'appliquent également aux expressions réalistes qui, au-delà du bestiaire, dénotent l'intégration du symbole génital: le triangle pubien apparaît dans des lieux aussi distants que Gouy (Seine-Maritime), Combarelles, Arcy (Yonne) ou Pergouset (Lot) tandis que la vulve réaliste semble plus cantabrique et celle datée de l'Aurignacien confinée autour des Eyzies.

En tout état de cause, les signes quadrilatéraux témoignent en Périgord d'une grande cohésion du cadre géographique, comme à Font-de-Gaume, la Mouthe mais également Lascaux et Gabillou, distants de plus de 60 kilomètres.

La relative synchronie de ces ensembles auxquels on peut adjoindre l'exceptionnelle station de Solvieux avec son bloc gravé de pattes de cervidés ne doit pas exclure l'impact des «saisonnalités»: résidence permanente le long de la Vézère, expéditions estivales vers la vallée de l'Isle, pauvre en abri sous roche et de ce fait impropre à une occupation hivernale.

Plus élaborés encore, les «tectiformes» – signes complexes évoquant le toit d'une habitation – constituent un groupe parfaitement homogène propre à la région des Eyzies avec Rouffignac, Font-de-Gaume, Combarelles, Bernifal... et sans doute l'expression d'une appropriation intellectuelle d'un territoire limité. Cette cohérence du cadre géographique ne signifierait-elle pas aussi une cohésion des groupes humains de la fin du Paléolithique? Ne faut-il pas mettre en relation, au Magdalénien, l'extension effective des territoires de chasse et de collecte, la colonisation de certaines marges, l'augmentation des échanges, des contacts qui en résultent, avec la réponse que constitue l'affirmation dans les grottes de l'identité culturelle des groupes humains et peut-être d'une certaine indépendance?

Le signe en effet possède sans doute une fonction sociale décisive: sorte de code, clé d'accès au savoir qui s'apprend, s'exporte ou s'isole, il est à la fois le garant et le symbole de la cohésion d'une société préhistorique tandis que la diversité des ethnocultures, correspondant à un territoire défini dont l'art favorise l'autonomie (comme le groupe des «aviformes» du Quercy), préfigure la mosaïque culturelle de l'Europe.

Sur la fin du Magdalénien, la tendance au naturalisme enregistrée dans l'art pariétal (Teyjat, etc.) va de pair avec une nette raréfaction des signes pariétaux. L'art mobilier voit quant à lui sa production littéralement exploser. Ces phénomènes traduisent vraisemblablement un changement de fonction: «traditionnellement secret et ésotérique, et sans doute réservé à un petit nombre, l'art pariétal

se serait alors largement ouvert à des communautés plus nombreuses» (Lorblanchet).

Les conventions stylistiques manifestes s'extirpent d'un cadre géographique désormais trop étroit. Les figurations féminines stylisées qui réapparaissent à la fin du Magdalénien en Périgord, à Combarelles, mais également gravées sur blocs semi-mobiliers à Couze et Lalinde, exportent leur iconographie jusque dans l'est de l'Allemagne. L'œcumène magdalénien déborde ainsi largement les frontières mais ne doit pas faire illusion: la vaste distribution de quelques thèmes donnant l'impression d'une mouvance étendue n'est pas exempte d'un certain parti-pris archéologique conforté par l'unicité des appellations. Démocratisé en quelque sorte, l'art paléolithique affiche une plus grande sensibilité aux particularismes et compense médiocrement le relâchement des liens, la dilution d'une culture matérielle anciennement homogène contrainte à s'adapter à un nouvel environnement plus parcellisé. Les résultats de recherches menées conjointement par historiens de l'art et archéologues convergent dans cette dernière vision intégrée des cultures paléolithiques avant leur extinction définitive vers 9500 BP.

Couze, Lalinde
Plan p. 2

Bloc gravé de Lalinde

Les figurations féminines stylisées, très caractéristiques de la fin du Magdalénien, sont attestées jusque dans l'est de l'Allemagne.

SCÉNARIO D'UNE ADAPTATION RÉUSSIE

Une parfaite connaissance des nombreuses ressources de leur territoire et le développement d'une technologie très élaborée mais aussi adaptée à l'environnement sont les deux clés de la réussite des chasseurs de la préhistoire. En cela, les acteurs de la dernière phase glaciaire, au premier chef magdaléniens, héritiers de l'ensemble des innovations du Paléolithique supérieur qu'ils synthétisent en y adjoignant leurs propres inventions, sont l'illustration vivante du progrès au sens pur... Un progrès où l'expression artistique, individuelle ou collective, atteint les sommets que l'on sait... Un progrès exempt de ces nuisances récentes que sont les virus maléfiques de la pollution, de la guerre etc., contaminant la surface du globe.

L'âge d'or des magdaléniens, évoqué, prôné par divers archéologues ne doit pas faire illusion. Il ne s'agit pas d'un état de grâce merveilleux durant lequel une réelle symbiose avec la nature est souvent idéalisée: l'espérance de vie maximale n'excède pas la quarantaine d'années pour l'homme préhistorique, peut-être un peu plus pour celui du Paléolithique supérieur, mais une forte mortalité infantile et les inévitables accidents d'un mode de vie non aseptisé, alliés à la rigueur du climat et à la précarité des conditions d'existence, se chargent de réduire singulièrement les moyennes d'âge. Plus simplement, c'est une époque révolue durant laquelle l'exploitation de l'environnement ne signifiait pas automatiquement sa dégradation, où l'étroite dépendance du milieu n'était pourtant pas synonyme d'inféodation...

Le temps s'écoule sans jamais s'accélérer... Les mutations climatiques du postglaciaire, pourtant très progressives en Périgord, région qui du reste en avait subi bien d'autres, vont déstabiliser cet équilibre fragile et fugitif. Ces transformations n'affecteront pas la survie des hommes, suffisamment dynamiques et inventifs pour se satisfaire volontiers d'un climat somme toute plus clément, d'une nature somme toute relativement prolifique. Mais cette abondance porte en germe un fruit vénéneux: la poussée démographique incite à la mise en œuvre de nouveaux modes de subsistance, irrémédiables destructeurs d'un environnement désormais incapable de se régénérer. L'instant du basculement demeure imperceptible, mais ses effets vont aller s'accroissant au fil d'interventions humaines de plus en plus prononcées.

Si proche dans le temps – que sont 15 000 ans dans l'aventure humaine, sinon quelques centaines de généra-

tions – qu'elle paraît lointaine cette époque où la vallée de la Vézère résonnait des sabots de ces visiteurs saisonniers d'un genre particulier, les rennes, pour le plus grand bénéfice, déjà, des résidents permanents!... Cela paraît remonter à la nuit des temps... mais comme le rappelle le dicton populaire, la nuit porte conseil.

L'épilogue post-glaciaire

A partir de 9500 BP, l'instauration progressive d'un régime climatique nettement post-glaciaire consomme le divorce entre les derniers chasseurs et un mode de vie fondé sur la prédation. Une hypothèse récente imputerait ce radoucissement définitif à une modification angu-

Le vallon de Castelmerle (Sergeac)

La Vézère et ses affuents ont charpenté l'espace en une multitude de petits bassins et vallons qui ont pu constituer l'unité territoriale de base des groupes humains préhistoriques.

laire de l'axe de rotation du globe terrestre. Le long hiver se raccourcit de quelques jours (9 environ), tandis que les jours d'été rallongent au contraire pour le plus grand bénéfice de certaines espèces botaniques ou fauniques... et éventuellement de l'homme. Certains considérent ces changements comme dramatiques et font preuve d'un «catastrophisme» digne du cinéma hollywoodien. En fait, la tendance était déjà amorcée dès l'aube du Xe millénaire avant J.-C.: durant la période d'Alleröd (entre 11 800 et 10 800 BP) déjà beaucoup plus clémente, plus humide, la grande faune (bison, cheval de petite taille, renne) s'accroche encore dans des zones de faible altitude, soutenue dans ses efforts par le renard polaire et le harfang des neiges, mais ce sont les derniers soubresauts des animaux froids au détriment desquels progressent fortement les espèces boisées (chevreuil, cerf, sanglier), mieux adaptées à un couvert forestier plus dense. Au-delà des conséquences évidentes sur les populations, ultimes magdaléniens et chasseurs épipaléolithiques, contraints à adapter leur outillage osseux à la pénurie de bois de renne, les espaces sont désormais moins ouverts. En conséquence, les domaines parcourus paraissent se rétrécir considérablement et ce confinement tend à limiter les contacts «interethniques» entre les groupes humains. C'en est fini de l'œcuménisme de la brillante civilisation des chasseurs de grand gibier en milieu ouvert...

Il faut, quoi qu'il en soit, se garder de considérations trop générales. Si en effet, la fonte des glaciers a pu entraîner des effets dramatiques dans le nord de l'Europe, provoquant des crues gigantesques et dévastatrices, des oscillations très sensibles du niveau marin de la Baltique par exemple, rayant alors de la carte toute implantation humaine si temporaire soit-elle, le Périgord très éloigné des zones littorales effectivement submergées demeure terre d'accueil et de refuge. Certes, le fond des vallées, les coteaux s'empâtent, mais bon nombre de grottes et abris sont toujours accessibles. La crise majeure réside surtout dans l'esprit de certains chercheurs qui ne retrouvent plus leurs repères habituels, beau débitage du silex et objets d'art... Dans ce domaine, les ultimes créations animalières s'éloignent déjà d'un naturalisme révolu (Pont-d'Ambon).

Pont-d'Ambon
Plan p. 2

Les hommes préhistoriques, quant à eux, y ont certainement trouvé leur compte, atteignant un haut degré de technologie pour la taille du silex dorénavant microlithique (miniaturisé ne signifie pas forcément dégénéré), très standardisé, et préférant sans doute pour leur expression symbolique les supports variés des matériaux périssables (bois, écorce...) objectivement plus abondants. Leur seul inconvénient – pour le préhistorien – réside dans leur médiocre résistance à l'érosion du temps.

Enfin, et ce n'est pas le moindre motif, les archéologues du Paléolithique – c'est une tradition en Périgord – se passionnaient beaucoup moins pour des cultures matérielles aux vestiges apparemment pauvres et de dimensions réduites, souvent plus difficiles à repérer au tamisage...

Respectant la tradition cavernicole de la région, les implantations humaines post-paléolithiques furent quelquefois jugées dignes d'intérêt et fouillées en conséquence (Villepin, la Faurélie), mais il en alla souvent bien autrement. En son temps, à la fin XIXe siècle, l'abbé Landesque avait tenté d'attirer l'attention du monde scientifique sur la présence, à Laugerie-Basse, d'objets attribuables aux périodes plus récentes, pointes de flèche, haches polies, tessons de poterie et vestiges métalliques également stratifiés sur plusieurs mètres d'épaisseur et rejoignant finalement les fondations des

Villepin
Carte p. 8

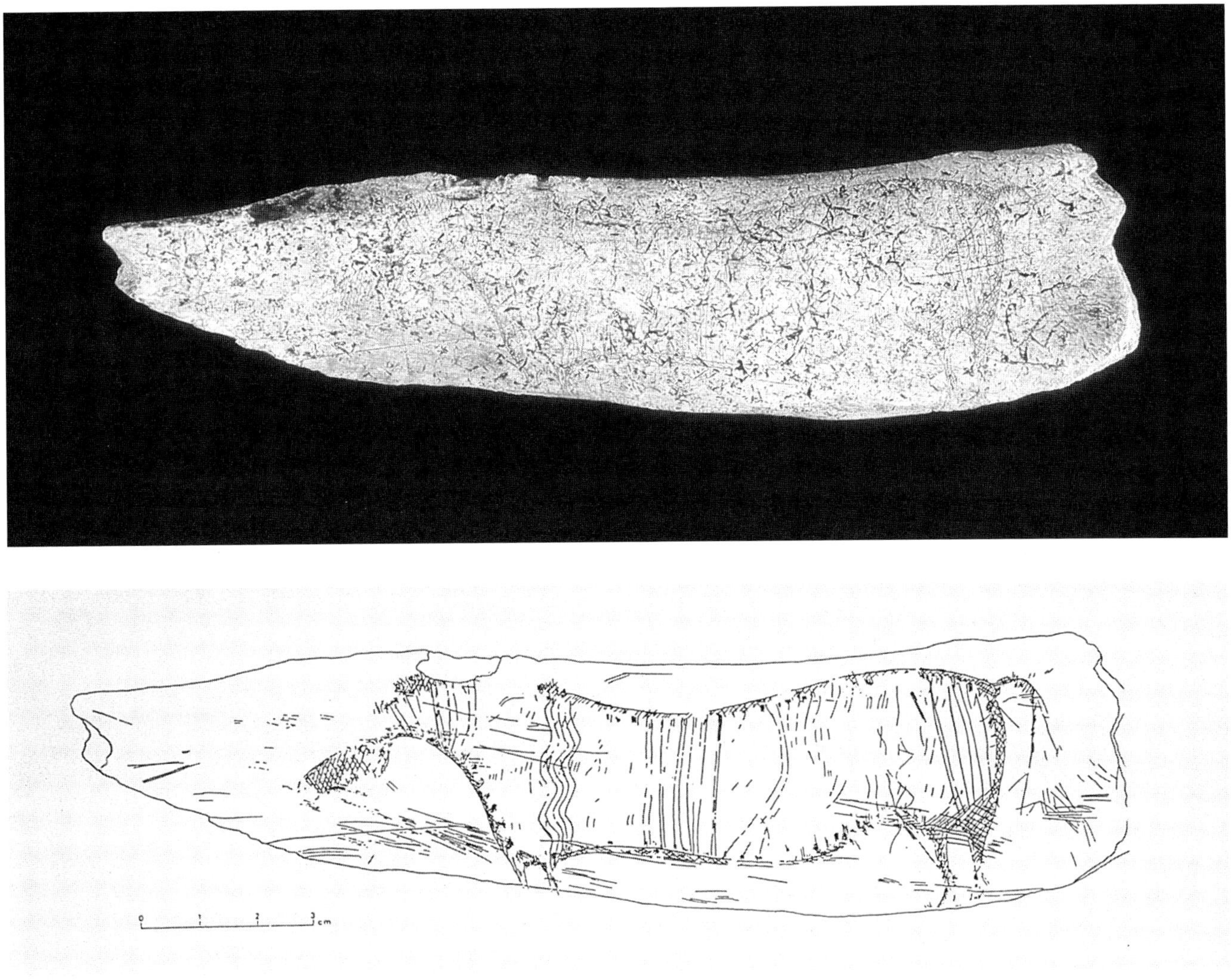

maisons modernes... La totalité du postglaciaire culminant avec l'occupation historique et illustrant véritablement la pérennité de l'habitat semi-troglodytique... Peine perdue... la mode était à l'époque à la préhistoire pure et dure, en Périgord plus encore! Et c'est ainsi qu'un bon gisement néolithique, protohistorique et médiéval fut immolé à la déesse paléolithique et envoyé aux déblais!

De leur côté, les «habitats de plein air», que de meilleures conditions clima-

Gravure de cheval stylisée du Pont-d'Ambon

Bien datée de l'Epipaléolithique, cette œuvre représente l'une des très rares réminiscences de l'art animalier paléolithique attestées postérieurement.

tiques ont dû favoriser, n'ont pas été protégés par une bonne couche d'éboulis cryoclastiques. Défrichements et mises en culture modernes ou contemporaines les auront fortement perturbés ultérieurement... On comprend mieux pourquoi Mésolithique et Néolithique sont dans cette région considérés à tort comme synonymes de désert archéologique.

Terre de tradition, le Périgord continue à héberger au creux de ses falaises les hommes qui s'adaptent aux nouvelles conditions climatiques. De nombreux gisements mésolithiques en témoignent, tels le Peyrat, Rochereil, Rouffignac, Laugerie-Haute, Laugerie-Basse, la Mouthe, le Roc-Allan pour ne citer que les plus célèbres; sans oublier Sauveterre-La-Lémance (Lot-et-Garonne), éponyme du Sauveterrien à microlithes dans la mouvance de notre région. Peu à peu, la colonisation humaine diffuse des vallées vers les plateaux. Combien de sites de hauteur, d'habitats fortifiés du Néolithique (le Fayard, l'éperon barré du Puy-de-Pont, etc.) dorment-ils encore à l'abri du couvert forestier actuel! De nouvelles activités vivrières, agriculture et élevage, désormais possibles, induisent de nouvelles technologies (polissage de la pierre, etc.) dont on retrouve bon nombre de traces (polissoirs...) dans toute la région et contribuent à ébaucher par les défrichements, la mise en culture, les grands traits du paysage actuel. La présence humaine doit être considérable si l'on se réfère aux dizaines voire centaines d'individus inhumés de manière collective dans les grottes sépulcrales chalcolithiques (Eybral, Campniac...), à l'abondance des dolmens, une bonne centaine, qui parsèment le département de la Dor-

L'habitat troglodytique de la Roque-Saint-Christophe (Saint-Léon-sur-Vézère)

Célèbre par son occupation préhistorique, ce site majestueux est l'un des plus grands ensembles troglodytiques médiévaux connus.

dogne. C'est précisément grâce aux offrandes funéraires, d'ailleurs assez pauvres (haches polies, poteries à fond plat, dents d'animaux perforées, rondelles à double perforation aménagées dans des coquilles de moules d'eau douce) qu'est individualisé un faciès homogène, le groupe Isle-Dordogne daté de l'extrême fin du troisième millénaire BC.

Les données sont réduites quant au phénomène mégalithique, pour le moins spectaculaire, mais ici traité sans grand égard. Sur les vingt dernières années, deux mégalithes seulement ont été fouillés: Limeyrat en 1974 et le dolmen du Point-du-Jour à Vergt-de-Biron, dans le cadre d'un sauvetage... Encore en attend-on la publication exhaustive. La toponymie révèle pourtant, malgré des siècles d'aménagement du terroir, un mégalithisme d'une réelle ampleur. On ne compte plus les lieux dits «Peyrelevade, Peyrefitte, Peyrepincade, Peyreplantade, Cayrelévat, etc.» qui foisonnent à l'ouest du département, dans la plaine alluviale de la Dordogne, les collines du Sarladais apparaissant beaucoup plus clairsemées.

Il est naturel du reste que les agriculteurs du Néolithique final, qui revendiquent la paternité des monuments, aient préféré ces régions plates, propices aux cultures... A défaut de fouilles véritables – nombre de ces dolmens ont depuis longtemps été pillés –, le relevé des dalles restantes révèle une structure d'autant plus complexe que le monument est bien étudié. Le Périgord paraît occuper une position charnière du point de vue mégalithique, carrefour d'influences architecturales synthétisant les dolmens à couloir de l'Angoumois, les allées couvertes aquitaines et les dolmens caussenards simples ou du type Centre-Ouest. Ces monuments, à vocation sépulcrale ou symboles d'appropriation du territoire, attestent des sociétés conquérantes capables de dégager des surplus économiques conséquents pour ériger ces constructions à leur gloire.

Judicieusement situé à la lisière du Massif central, le Périgord connaîtra également une forte occupation aux périodes métalliques et l'on ne s'étonnera pas de retrouver de riches vestiges de l'âge du Bronze dans des grottes déjà célèbres: Vaufrey, Font-de-Gaume, Laugerie-Basse et tant d'autres... La région des Eyzies se distingue encore par la qualité et l'abondance de ces vestiges du Bronze moyen. Un site magistral, la Roque-Saint-Christophe, symbolise à lui seul la pérennité de l'habitat à flanc de falaise, du Périgordien à l'époque moderne...

Gigantesque (350 m de long), grandiose (s'échelonnant sur 4 niveaux de terrasses naturelles d'une falaise de 100 m de haut), richement documenté pour avoir suscité un siècle d'érudition locale, l'ensemble troglodytique de la Roque Saint-Christophe, adjoignant à la forteresse classique une agglomération villageoise sous-jacente, avait bien des raisons de retenir l'attention des hommes. Après Hauser en 1908, Denis Peyrony (de 1910 à 1913) s'attacha davantage à la stratigraphie périgordienne. Il reconnut néanmoins des niveaux d'un habitat néolithique – qui livrèrent des glands torréfiés en vue de leur consommation, phénomène rarement attesté en Périgord – des âges du Bronze, du Fer, une couche gallo-romaine, période oubliée de l'archéologie du Sarladais malgré la proximité de Vésone... Et, çà et là, des trouvailles isolées, souvent confidentielles, et des centaines de toponymes à terminaison en «ac» (le suffixe latin *-acum* s'ajoutait au nom propre, le plus souvent celui du propriétaire présumé de l'endroit, en diverses combinaisons, telle Tayac = *Taius* + *acum*), héritage d'implantations romaines.

La Roque-Saint-Christophe
Carte p. 8

Avec la période médiévale au sens

large, les textes, épars, prennent le relais de l'archéologie. Ils incitent à croire à l'arrivée d'un ermite, Christophe, qui aurait occupé les lieux aux alentours du VIe siècle et relayé le passage des premiers chrétiens. De ceux-ci subsiste un poisson assez schématique de 50 centimètres de long gravé sur le rocher.

On doit vraisemblablement à l'évêque Frotaire de Périgueux la construction du complexe fortifié s'étageant sur quatre niveaux de terrasses naturelles. Les constructions, pour une large part taillées dans le roc, sont complétées de structures en bois, en pierre, abondamment décrites. Le fortin autorisa la création plus à l'ouest, au pied de la falaise et s'appuyant sur d'énormes blocs d'effondrements, d'un bourg également semi-troglodyditique. Textes et vestiges archéologiques s'allient pour témoigner de 600 ans, peut-être davantage, d'occupations plus ou moins permanentes. A partir du XVe siècle, l'abondance de tessons permet d'affirmer que la présence humaine a été constante.

Pris et repris plusieurs fois durant la guerre de Cent ans, la Roque Saint-Christophe est ravagé par un gigantesque incendie en 1401, dont Peyrony retrouvera les traces archéologiques au cours de ses fouilles. Deux siècles plus tard, refuge des protestants pour un temps, le fort verra ses superstructures rasées, à la suite de l'ordonnance de 1588. La paroisse va néanmoins subsister jusqu'à la Révolution française, qui prononce sa disparition administrative en la rattachant à la commune de Peyzac-le-Moustier en 1790. L'occupation humaine de la falaise pourrait prendre fin à cette date, sans exclure une fréquentation épisodique de ce haut lieu désormais touristique.

De nombreux auteurs ont proposé des estimations du nombre d'habitants des falaises de la Roque Saint-Christophe à l'époque médiévale. Certaines atteignent 2 000 âmes et paraissent beaucoup trop élevées par rapport au recensement de l'époque: en 1365, la paroisse ne compte en effet que 21 feux, soit environ 120 à 150 résidents permanents pour bien davantage de temporaires en cas de crise majeure. Quelque 60 autres ensembles troglodytiques et une multitude de sites réduits en Dordogne attestent une occupation qui paraît culminer entre le XIVe siècle, à la Madeleine, au Roc-de-Tayac, etc. Ce dernier, jouxtant Gorge-d'Enfer aux Eyzies, abritait le café de Paradis au début du XXe siècle et proposait même aux amateurs – et il y en eut – des chambres taillées dans le roc pour le moins originales. Du reste, de nombreux habitants des Eyzies ou des environs occupent aujourd'hui encore des maisons semi-troglodytiques largement adossées au rocher. Ce sont là les héritiers d'un temps où la falaise conditionnait encore largement l'habitat rural. Des traces continues, larmiers, trous de boulin, sont visibles à des kilomètres à la ronde et témoignent d'une densité d'implantation insoupçonnée...

Que reviennent les rennes dans la vallée et l'on retrouvera peut-être le pouvoir thermique élevé du «rocher» qui avait su, il y a longtemps, accueillir nos ancêtres.

ORIENTATION BIBLIOGRAPHIQUE

Cet ouvrage a largement fait appel aux travaux de nombreux chercheurs, et notamment à ceux, passés ou contemporains, de l'équipe de l'Institut du Quaternaire de Bordeaux (UMR 9933 CNRS). Il n'est pas ici possible de citer l'intégralité de nos sources, tant sont abondants les articles, notes, contributions diverses publiés depuis la fin du XIXe siècle. Nous ne proposerons donc au lecteur qu'une orientation bibliographique, à compétence géographique souvent restreinte, établie à partir d'ouvrages souvent récents qu'il est relativement facile de se procurer, notamment dans les points de vente spécialisés de la RMN et de la CNMHS aux Eyzies-de-Tayac mêmes. Chacun de ces ouvrages, souvent collectifs, comporte une bibliographie généralement très complète à laquelle le lecteur pourra avantageusement se reporter. Quelques titres, d'accès plus difficile, mais vraiment incontournables, sont néanmoins cités par nos soins.

- *Lartet, Breuil, Peyrony et les autres. Une histoire de la Préhistoire en Aquitaine.* Catalogue de l'exposition sous la direction de J.-J. Cleyet-Merle. Musée national de Préhistoire/Société des Amis du Musée national de Préhistoire et de la Recherche archéologique Ed., Sarlat, 1990.

- *La Dordogne*, coll. «Rivières et vallées de France». Sous la direction de Guy Pustelnik, Privat Ed., Toulouse 1993.

- *L'Art des Cavernes. Atlas des grottes ornées paléolithiques françaises.* Imprimerie Nationale, Paris, 1984.

- *Origine de l'homme.* Catalogue de l'exposition Musée de l'Homme, Muséum national d'Histoire naturelle. Paris, Musée de l'Homme, 1976.

- *5 Millions d'années, l'aventure humaine.* Catalogue de l'exposition, palais des Beaux-Arts, Bruxelles, 1990.

- *La Vézère des origines.* Sous la direction de J.-Ph. Rigaud, Paris, Imprimerie nationale, 1991.

- *Lascaux inconnu.* Sous la direction d'André Leroi-Gourhan et J. Allain, XIIe supplément à *Gallia Préhistoire*, CNRS Ed., Paris, 1979.

- *La Grotte Vaufrey. Paléoenvironnement, chronologie, activités humaines.* Sous la direction de J.-Ph. Rigaud, mémoire de la S.P.F. XIX, Paris 1988.

- *Le peuplement Magdalénien. Paléogéographie physique et humaine.* Actes du colloque de Chancelade, 1988. Sous la direction de J.-Ph. Rigaud, H. Laville et B. Vandermeersch. Paris, Ed. du C.T.H.S., 1992.

- *Les Premiers Européens.* Actes du 114e Congrès des Sociétés savantes, 1989. Sous la direction de E. Bonifay et B. Vandermeersch. Paris, Ed. du C.T.H.S., 1992.

- Barrière Cl. 1982. *L'Art pariétal de Rouffignac.* Paris, Picard Ed. (Fondation Singer Polignac).

- Bordes Fr. 1979-1981. *Typologie du Paléolithique ancien et moyen.* Cahiers du Quaternaire, Bordeaux, Ed. du CNRS.

- Bouvier J.-M. 1977. *Un gisement préhistorique: la Madeleine.* Périgueux, Fanlac Ed.

- Bosinski 1990. *Homo sapiens. L'histoire des chasseurs du Paléolithique supérieur en Europe (40 000-10 000 av. J.-C.).* Paris, Errance Ed.

- Cleyet-Merle J.-J. 1990. *Aimer les Eyzies, capitale mondiale de la Préhistoire.* Ouest France Ed.

- Cleyet-Merle J.-J. 1990. *Préhistoire de la pêche.* Paris, Errance Ed.

- Delpech F. 1983. *Les Faunes du Paléolithique supérieur dans le Sud-Ouest de la France.* Cahiers du Quaternaire, Bordeaux, Ed. du CNRS.

- Delporte H. 1990. *L'Image de l'animal dans l'art préhistorique.* Paris, Picard Ed.

- Delporte H. 1993. *L'Image de la femme dans l'art préhistorique.* Paris, Picard Ed.

- Gaussen J. 1964. *La Grotte ornée de Gabillou.* Bordeaux, Delmas Ed.

- Gaussen J. 1980. *Le Paléolithique de plein air en Périgord.* XIVe suppl. à *Gallia Préhistoire.* Paris, CNRS Ed.

- Laming-Emperaire A. 1962. *La Signification de l'art rupestre paléolithique.* Paris, Picard Ed.

- Laming-Emperaire A. 1964. *Origine de l'archéologie préhistorique de France.* Paris, Picard Ed.

- Laville H. 1975. *Climatologie et chronologie du Paléolithique en Périgord.* Ed. du Laboratoire de paléontologie et de préhistoire, Université de Provence n° 4.

- Leroi-Gourhan A. 1964. *Les Religions dans la Préhistoire.* Paris, PUF Ed.

- Leroi-Gourhan A. 1971. *Préhistoire de l'art occidental.* Paris, Mazenod Ed.

- Moisan L. 1987. *Les Formations alluviales du bassin inférieur de la Dordogne et leurs industries paléolithiques.* Cahiers du Quaternaire, Bordeaux, Ed. du CNRS.

- Smith Ph. E. L. 1966. *Le Solutréen en France.* Bordeaux, Delmas Ed.

- Sonneville-Bordes D. de. 1960. *Le Paléolithique supérieur en Périgord.* Bordeaux, Delmas Ed.

- Vialou D. 1991. *La Préhistoire.* Coll. «L'univers des formes». Paris, Gallimard Ed.

- Articles et contributions diverses, monographies, etc., des auteurs précédemment cités ainsi que de N. Aujoulat, Ch. Chevillot, M.-F Diot, D. Gambier, J.-M. Geneste, J.-L. Guadelli, B. Kervazo, O. Le Gall, F. Lévèque, M. Lorblanchet, H.-J. Movius, J.-J. Pauvert, D. Peyrony, J.-P. Texier, A.-M. Tillier, J. Tixier...

Revues et périodiques

- *L'Anthropologie*
- *Bulletin de la Soc. Préh. Française*
- *Paléo (Bulletin de la SAMRA)*

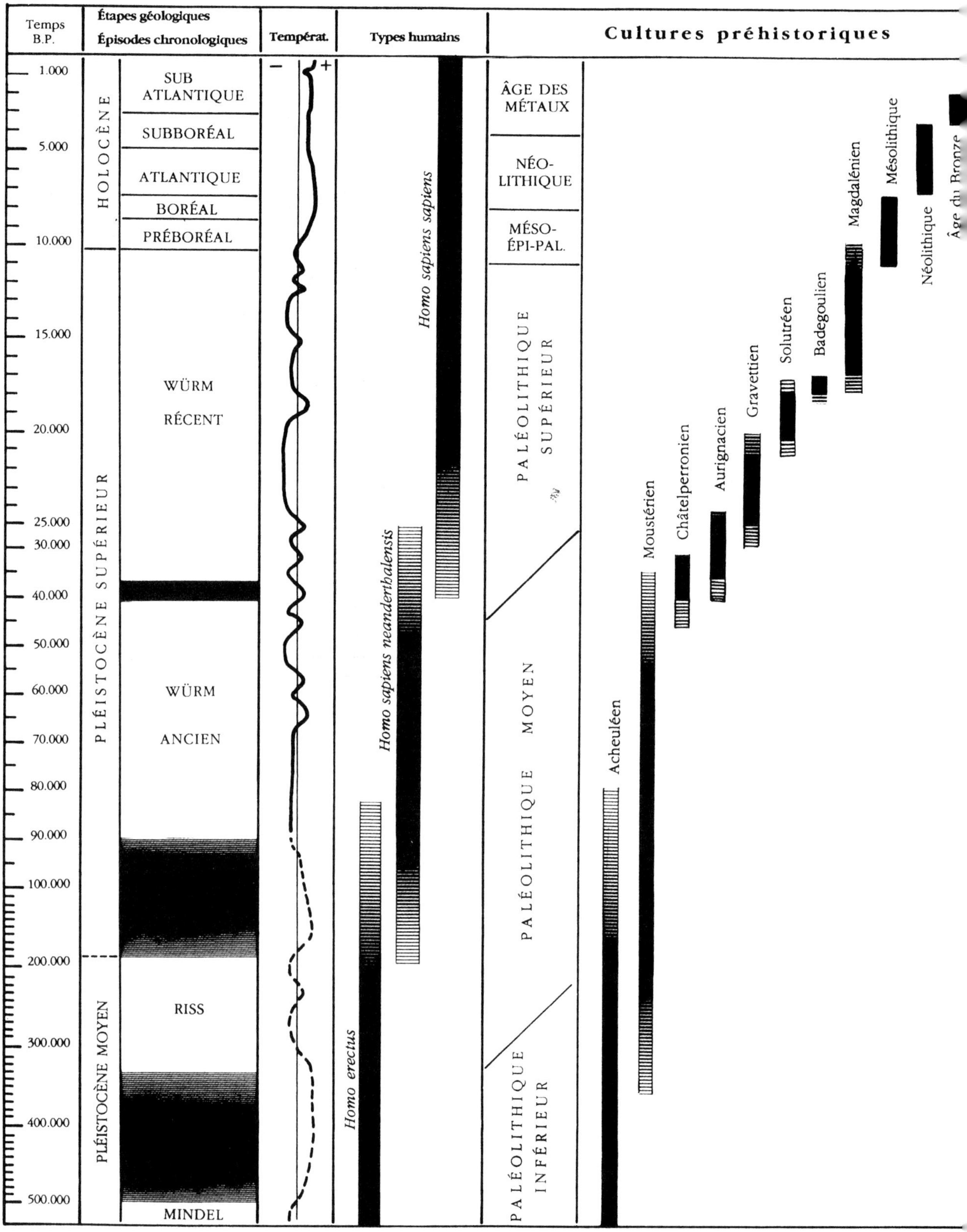

Temps B.P.
Étapes géologiques
Épisodes chronologiques
Températ.
Types humains
Cultures préhistoriques
1.000
5.000
10.000
15.000
20.000
25.000
30.000
40.000
50.000
60.000
70.000
80.000
90.000
100.000
200.000
300.000
400.000
500.000
HOLOCÈNE
PLÉISTOCÈNE SUPÉRIEUR
PLÉISTOCÈNE MOYEN
SUB ATLANTIQUE
SUBBORÉAL
ATLANTIQUE
BORÉAL
PRÉBORÉAL
WÜRM RÉCENT
WÜRM ANCIEN
RISS
MINDEL
Homo sapiens sapiens
Homo sapiens neanderthalensis
Homo erectus
ÂGE DES MÉTAUX
NÉO-LITHIQUE
MÉSO-ÉPI-PAL.
PALÉOLITHIQUE SUPÉRIEUR
PALÉOLITHIQUE MOYEN
PALÉOLITHIQUE INFÉRIEUR
Acheuléen
Moustérien
Châtelperronien
Aurignacien
Gravettien
Solutréen
Badegoulien
Magdalénien
Mésolithique
Néolithique
Âge du Bronze

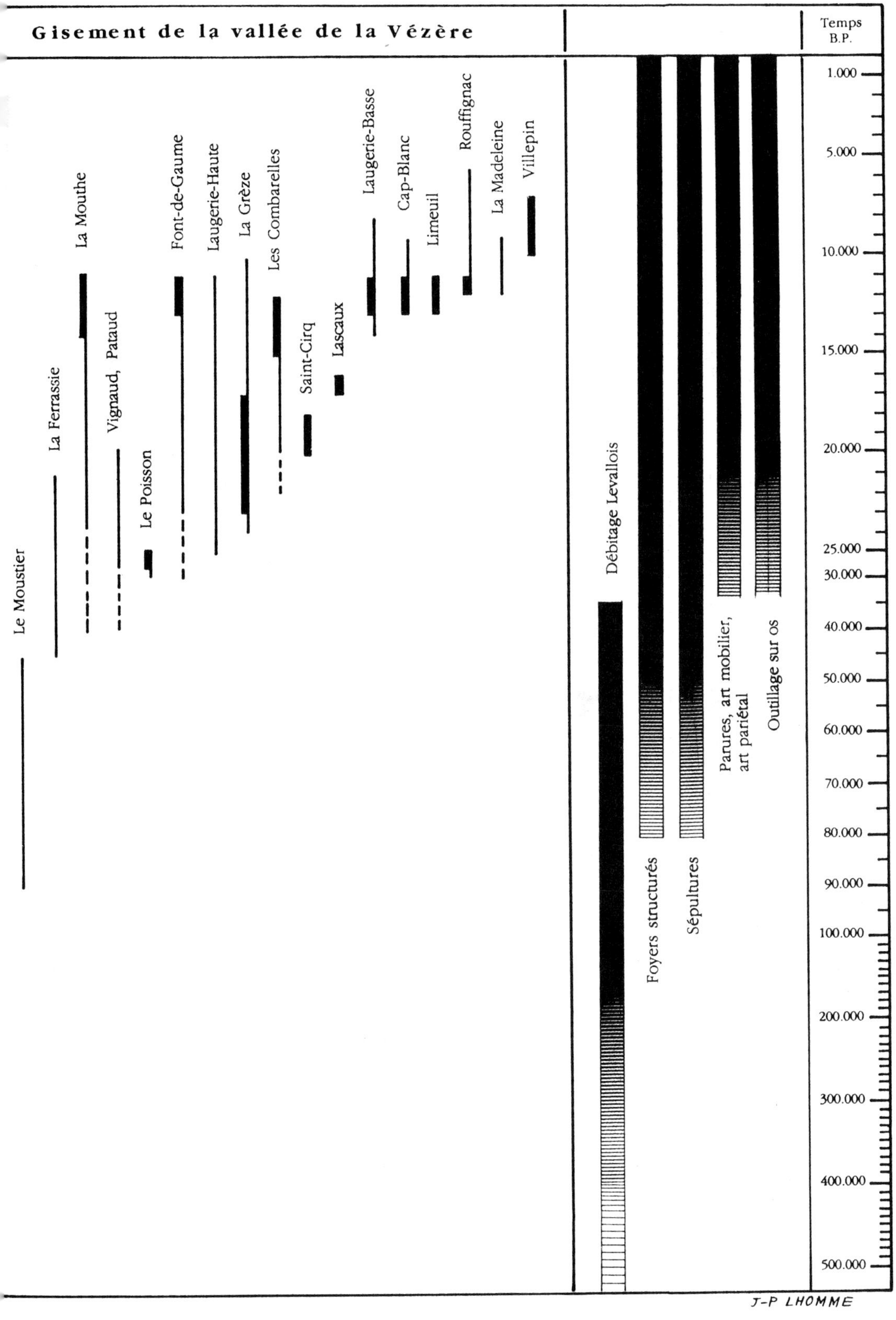
Gisement de la vallée de la Vézère
Temps B.P.
Le Moustier
La Ferrassie
La Mouthe
Vignaud, Pataud
Le Poisson
Font-de-Gaume
Laugerie-Haute
La Grèze
Les Combarelles
Saint-Cirq
Lascaux
Laugerie-Basse
Cap-Blanc
Limeuil
Rouffignac
La Madeleine
Villepin
Débitage Levallois
Foyers structurés
Sépultures
Parures, art mobilier, art pariétal
Outillage sur os
1.000
5.000
10.000
15.000
20.000
25.000
30.000
40.000
50.000
60.000
70.000
80.000
90.000
100.000
200.000
300.000
400.000
500.000
J-P LHOMME

GLOSSAIRE

Ce glossaire ne peut être exhaustif. Il facilite cependant la compréhension des termes techniques courants. Pour plus amples précisions, notamment dans le domaine de la technologie ou de la typologie lithique, le lecteur pourra avantageusement se reporter à divers ouvrages aisément accessibles tels que:

- Brezillon M. - *La Dénomination des objets de pierre taillée*. Paris, Ed. du CNRS, 1968.
- Demars P.Y. et Laurent P. - *Types d'outils lithiques du Paléolithique supérieur en Europe*. Cahiers du Quaternaire. Paris, Ed. du CNRS, 1989.
- Leroi-Gourhan A. - *Dictionnaire de la Préhistoire* (ouvrage collectif). Paris, PUF, 1988.
- Piel-Deruisseaux J.-L. - *Outils préhistoriques, forme, fabrication, utilisation, collection préhistoire*. Paris, Masson, 1990.
- Tixier J. *et alii* - *Préhistoire de la pierre taillée*, t. 1: *Terminologie et technologie*. Cercle de recherches et d'études préhistoriques. Valbonne, 1980.

Acheuléen: Faciès industriel caractérisé par la présence de nombreux bifaces de formes variées et d'un outillage sur éclats peu standardisé.

Azilien: Terme défini en 1895 à partir des fouilles du Mas d'Azil (en Ariège) pour désigner les cultures succédant au Magdalénien, et caractérisé de façon assez vague en Périgord par la présence de harpons plats, de lames à troncature retouchée, de lames à dos abattu (court), de grattoirs courts sur éclats et de quelques microlithes.

Badegoulien: Terme créé par Cheynier à partir du site de Badegoule (Bersac, Dordogne) pour désigner la culture matérielle s'étendant entre la fin du Solutréen et l'apogée du Magdalénien. Caractéristique, son matériel sur éclat comporte des raclettes et semble souvent assez archaïque (théoriquement).

Biface: Outil lithique de dimension généralement conséquente, généralement en forme d'amande, façonné plus ou moins totalement sur les deux faces. Cet objet est ordinairement caractéristique des périodes anciennes (Paléolithique inférieur ou moyen).

Burin: Outil lithique dont la partie active, obtenue par une technique de taille spéciale, est constituée d'un dièdre formant ciseau, avec une arête acérée.

Carbone 14 (Méthode): Méthode de datation fondée sur le comptage des radio-isotopes C 14 par rapport au C 12 normal. Tout organisme vivant, végétal ou animal, contient une certaine quantité de carbone 14 radioactif équivalente à celle de l'atmosphère. A la mort de l'organisme, cette quantité se met à diminuer (de 50 % en 5568 années environ). La mesure de la proportion de carbone 14 radioactif subsistant dans les restes osseux ou dans les bois permet alors de mesurer le temps séparant l'instant présent et la mort archéologique de ces derniers. La compétence de la méthode du radio-carbone ne dépasse guère actuellement 40 000 années avant notre ère.

Charentien: Faciès industriel où dominent les racloirs, très proche du type Ferrassie, et recoupant souvent également le Moustérien de type Quina.

Chopper: Outil aménagé sur galet, dégageant un tranchant plus ou moins sinueux par une série d'enlèvements unifaces.

Chopping-tool: Outil aménagé sur galet en roche dure, dégageant un tranchant plus ou moins sinueux par une série d'enlèvements bifaces.

Clactonien: Faciès industriel défini en 1932, théoriquement parallèle à l'Acheuléen, et caractérisé par la présence d'éclats très épais, d'encoches grossières, et de rares outils sur éclats ou sur galets.

Datation absolue: Méthode physique permettant la mesure de l'intervalle entre un événement passé et le temps présent. Par convention, BP = Before present, avant 1950 de notre ère; BC = Before Christ, avant Jésus-Christ. Les incertitudes liées aux mesures sont indiquées avec les résultats de la datation: par exemple, 11 850 ± BP.

Débitage: Opération de taille du silex (ou d'une roche dure) orientée vers la production de supports (éclats, lames, lamelles). Par assimilation, le terme débitage désigne également les productions brutes, les supports non retouchés par opposition à l'outillage.

Débitage laminaire: Méthode de taille (ou par assimilation, matériel obtenu) dont les produits sont des lames, c'est-à-dire des éclats dont la longueur est égale ou supérieure à la largeur multipliée par 2 ou 3 (selon les auteurs).

Débitage Levallois: Méthode d'obtention d'un éclat de forme prédéterminée par une préparation spéciale du nucléus avant l'enlèvement de cet éclat.

Débitage / taille par pression: Par opposition à la méthode de taille par percussion, mode de fragmentation du silex qui s'effectue par une poussée exercée à l'aide d'un outil, et qui provoque le détachement d'un éclat.

Denticulé: Outil ou pièce comportant une série de coches adjacentes (outil ou support).

Eclat: Terme général désignant un fragment de roche dure détachée au cours de l'opération de taille (voir lame, lamelle).

E.S.R. (Electron Spin Resonance): Méthode de datation également appelée R.P.E. (Résonance Paramagnétique Electronique). Cette méthode quantifie le taux d'uranium des sédiments archéologiques (lequel est constant) et celui des matières vivantes fossilisées (émail dentaire le plus souvent) de plus en plus concentré. Le calcul du rapport permet de proposer un âge absolu.

Fossile directeur: Objet spécifique caractérisant (théoriquement) avec précision une couche ou une culture.

Grattoir: Outil lithique dont la partie active est généralement constituée d'un front plus ou moins arrondi. De nombreux types existent. Les grattoirs sont le plus souvent ménagés sur lame.

Gravette: Pointe en silex à dos rectiligne façonnée sur une lame élancée, par retouche directe ou croisée (pointe de la Gravette).

Hachereau: Instrument généralement de taille conséquente, ménagé sur éclat le plus souvent, et caractérisé par la présence d'un tranchant transversal acéré.

Industrie: Terme utilisé dans un sens restrictif dans le domaine de la préhistoire et s'appliquant globalement aux formes (objet) obtenues par l'action de l'homme sur la matière lithique ou osseuse (industrie lithique ou osseuse).

Isotopes: On appelle isotopes d'un élément les atomes qui même nombre d'électrons, mais des nombres différents de neutrons, et donc des masses atomiques différentes. Certains isotopes sont stables, d'autres instables. Ces derniers, en se décomposant, produisent de la radioactivité, ce sont des radio-isotopes.

Lame: éclat allongé dont la longueur est égale à sa largeur multipliée par 2 ou 3 (selon les auteurs).

Lamelle: Petite lame dont la longueur est inférieure à une limite fixée oscillant entre 3 et 5 cm (selon les auteurs).

Lamelle Dufour: Lamelle à bords retouchés continus souvent alternes.

Micoquien: Faciès industriel défini en 1916 comportant des bifaces «micoquiens». Le débitage est rarement Levallois.

Moustérien: Assemblage lithique caractérisé par la persistance de bifaces souvent très plats, associés à des pointes et racloirs retouchés sur une seule face. Pour François Bordes, Moustérien implique Würmien, tout en accusant de nombreuses différences culturelles.

Moustérien typique: Faciès industriel présentant un équilibre entre chaque type d'outils, comportant de rares bifaces mais d'abondantes pointes moustériennes.

Moustérien à denticulés: Faciès industriel taillé sur éclat, rarement Levallois, peu diversifié, dominé par des denticulés.

Moustérien de type Ferrassie: Faciès

industriel alliant débitage Levallois et outillage classique (racloirs, pointes ...).

Moustérien de type Quina: La retouche Quina est écailleuse et scalariforme. Le débitage est épais, peu Levallois, et l'outillage toujours riche en racloirs.

Moustérien de tradition acheuléenne: Faciès industriel associant des formes archaïques (bifaces triangulaires et cordiformes) et un outillage sur éclat assez banal. On distingue les types A et B (qui comporte des couteaux à dos), le type A précédant le B dans les stratigraphies.

Nucléus: Bloc de roche dure (silex, etc.) sommairement mis en forme par épannelage de la partie superficielle du rognon brut (le cortex).

Outillage: Ensemble des outils, à savoir dans le domaine lithique des pièces supports aménagées par retouche et relevant dès lors d'une dénomination de la typologie (grattoir, burin, perçoir, feuille, etc.).

Perçoir: Outil lithique présentant une pointe plus ou moins aiguë dégagée par retouche unie ou bilatérale.

Percuteur: Objet en matière dure (lithique, animale ou végétale), faisant fonction de «marteau naturel» utilisé pour tailler le silex.

Pièce à dos: Objet généralement sur lame ou lamelle dont le bord opposé au tranchant résiduel est aménagé sur tout ou partie de sa longueur par une retouche généralement abrupte.

Pièce à encoches (ou coches): Objet lithique comportant une série de coches, à savoir des entailles nettes généralement obtenues selon diverses techniques.

Pièce foliacée: Objet dont la morphologie rappelle une feuille végétale (souvent sublosangique ou ovalaire), généralement façonné par retouche plus ou moins couvrante.

Pièce tronquée: Outil lithique généralement sur lame présentant à une extrémité une troncature (à savoir une ligne de retouche continue et régulière), un bord façonné par retouche abrupte, limitant la pièce plus ou moins perpendiculairement à son axe.

Pointe: Terme général désignant dans le domaine lithique un éclat ou une lame pointue. Ce terme s'applique également au matériel osseux, où il représente souvent une armature. Il existe dans la typologie classique plusieurs dizaines de pointes ayant chacune une morphologie spécifique.

Pointe à cran: Pièce lithique (généralement en silex) comportant une soie d'emmanchement dégagée par un cran latéral obtenu par retouche. Cette pièce est généralement solutréenne quand sa technique de taille est foliacée et bifaciale.

Potassium-Argon (Méthode de datation par): Elle est fondée sur la décomposition radioactive en argon du potassium naturellement contenu dans les roches. Elle n'est fiable que si le rapport potassium/ argon n'est pas perturbé par des échanges physico-chimiques au cours de l'enfouissement. De fait, une étude géochimique poussée de la mise en place du milieu sédimentaire doit y être corrélée obligatoirement. La compétence de la méthode s'étend de 100 000 ans environ à plusieurs millions d'années. Elle est donc mise en œuvre pour l'estimation de l'âge d'enfouissement des premiers hominidés.

Racloir: Outil façonné sur lame ou plus généralement sur éclat, par retouche continue, déterminant un tranchant plus ou moins aigu. Il en existe de très nombreuses formes. Les racloirs servent généralement à couper ou à trancher.

Support: Ce terme désigne tout élément à partir duquel un objet est taillé ou retouché. Par extension, il désigne également les produits de débitage (une lame est un support laminaire).

Tayacien: Ensemble industriel assez hétéroclite, associant débitage clactonien et outillage moustérien.

Thermo-luminescence: Méthode de datation fondée sur les modifications que subit la répartition des électrons dans un cristal au fil du temps. La précision est assez remarquable (à 10 % près) pour des âges atteignant des centaines de milliers d'années.

Uranium (Méthode de datation par): L'uranium contenu dans le sol a la propriété de se fixer sur l'os ou la dent enfouis, et sa concentration d'augmenter avec le temps. La mesure de son taux de concentration permet des déterminations approximatives de la date d'enfouissement.

PATRIMOINE AU PRÉSENT

Pour retrouver l'esprit des lieux et les faire revivre à travers leur histoire

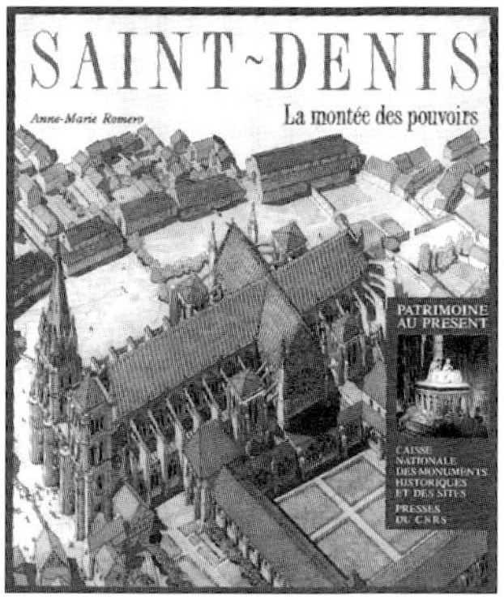

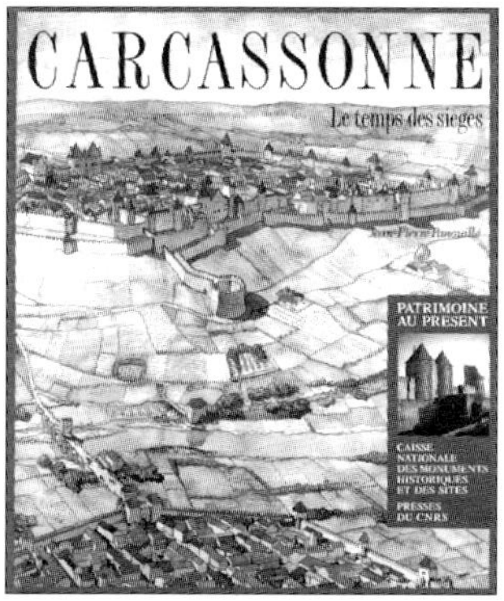

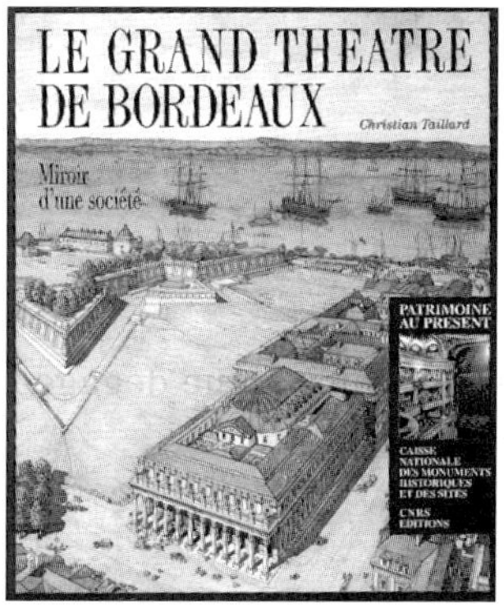

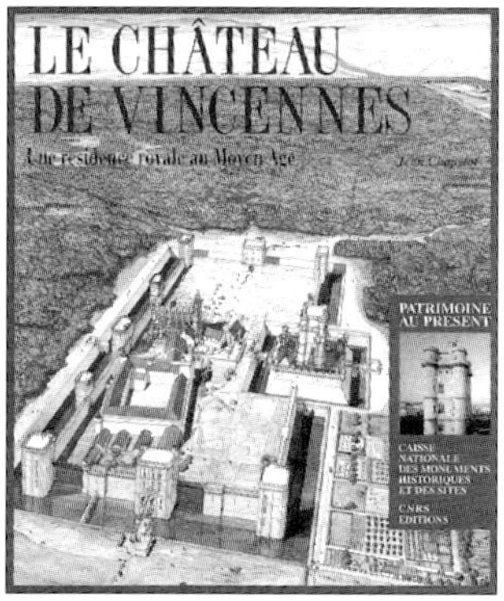

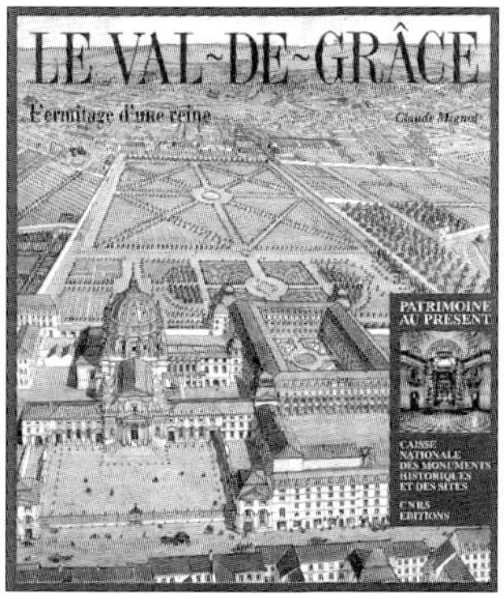

Dans la même collection

Le Pont du Gard, de G. Fabre, J.-L. Fiches, P. Leveau, J.-L. Paillet
Carnac, de G. Bailloud, C. Boujot, S. Cassen, C.-T. Le Roux
Azay-le-Rideau, de Jean-Claude Le Guillou

A paraître

L'Abbaye de Cluny, de D. Vingtain; *Notre-Dame de Paris*, de T. Crépin-Leblond; *Le Haut-Kœnigsbourg*, de L. Baridon; *La Rochelle*, de I. Warmoes.

REMERCIEMENTS

Remerciements pour leur aide précieuse
(envoi de documentation, prêt de documents photographiques originaux)
et leurs conseils avisés à (par ordre alphabétique):

F. Delpech, M.-F. Diot, J. Gaussen, B. Kervazo, F. Lévèque,
G. Pustelnik (au nom du Conseil général de la Dordogne),
J.-Ph. Rigaud, F. et M. Soubeyran, J.-P. Texier, B. Vandermeersch;

au personnel du M.N.P. dont le soutien logistique a été déterminant,
et tout particulièrement aux:
service photographique, Ph. Jugie,
service documentation, J. Angot-Westin,
secrétariat, Ch. Boussat, H. Droin, P. Magnanou;

et à tous ceux qu'il n'est pas possible, faute d'espace,
de mentionner plus en détail et qui voudront bien,
j'en suis sûr, ne pas me tenir rigueur
de ces omissions.

Crédits photographiques

D.R.: p. 26;
Gaussen, J.: p. 79, 90;
Lévêque, F.: p. 50;
Rigaud, J.-P.: p. 21;
RMN/MNP: tous les autres clichés;
Vandermeersch, B.: p. 49.

Le tableau chronologique figurant p. 122,
extrait de *La Vézère des origines*, par N. Aujoulat, J.-M. Geneste,
J.-P. Rigaud, A. Roussot, est reproduit avec l'aimable autorisation
des éditions de l'Imprimerie nationale.

Maquette: Richard Medioni

Composition: RMFB
Photogravure couleurs: AGS Photogravure
Photogravure noir: Edilog

Achevé d'imprimer
sur les presses de l'imprimerie
Istituto Grafico Bertello (Italie)
Dépôt légal: mars 1995